民间美术在儿童美术教育中的应用研究

李桂菊　著

吉林大学 出版社

·长春·

图书在版编目（CIP）数据

民间美术在儿童美术教育中的应用研究／李桂菊著

.－－长春：吉林大学出版社，2021. 10

ISBN 978-7-5692-9737-9

Ⅰ．①民… Ⅱ．①李… Ⅲ．①民间美术–应用–儿童教育–美术教育–研究 Ⅳ．①J

中国版本图书馆 CIP 数据核字（2021）第 254427 号

书　　名　民间美术在儿童美术教育中的应用研究
　　　　　MINJIAN MEISHU ZAI ERTONG MEISHU JIAOYU ZHONG DE YINGYONG YANJIU

作　　者　李桂菊　著
策划编辑　张维波
责任编辑　张维波
责任校对　杨　平
装帧设计　万典文化
出版发行　吉林大学出版社
社　　址　长春市人民大街 4059 号
邮政编码　130021
发行电话　0431-89580028/29/21
网　　址　http://www.jlup.com.cn
电子邮箱　jdcbs@jlu.edu.cn
印　　刷　三河市海新印务有限公司
开　　本　787 mm×1092 mm　1/16
印　　张　11
字　　数　230 千字
版　　次　2021 年 10 月　第 1 版
印　　次　2022 年 9 月　第 2 次印刷
书　　号　ISBN 978-7-5692-9737-9
定　　价　65.00 元

序 言

　　时光荏苒，转眼已经从事十余年的儿童美术教学生涯。现在有机会将这些文章进行整理，才意识到整理成册的意义。这就像把文字变成一颗颗沙砾，铺就在我们历经的生活之路上。沙砾上留下了一串串歪歪扭扭的脚印，那是我们记录在生活日记中最好的印迹。

　　孩子是上天给我们的礼物，教育是我们给孩子的礼物。艺术育德，潜移默化；艺术育智，健全人格；艺术育健，全面发展；艺术激情，张扬个性。儿童美术教育是集创造、情感、智力、审美为一体的综合性教育。儿童用自己的方式表达自我认知、逻辑思维和表现能力，以率真的姿态、原创性的方式表达来着最美好的思想情感。

　　当前，儿童美术教育在基础教育中仍然是一个比较薄弱的环节，还存在许多的问题，儿童美术教育的文化环境不容乐观，审美环境依然令人担忧，也使得儿童的综合素质和创造力的全面发展受到严重抑制。

　　在儿童美术教育中培养孩子对中国文化的感知和欣赏，让孩子体验民族的文化气质和艺术精神，美术教育成为每个孩子平等的权利，寻求一种本土化的教育资源——民间美术。民间美术是我国民间文化的一朵奇葩，作为一种根基性的文化艺术教育，民间美术在儿童美术教育中的传承与发展首当其冲。民间美术就像是一股清泉注入儿童的心灵，打开了儿童对美术认知的另一扇窗户。

　　在民间美术的运用中，可以挖掘出转化为具有现代意识，又可以传承民族情节的美术教育形式，打造具有民族审美文化构建系统，让这种文化构建把少年儿童从现代社会的迷乱中引领出来，让儿童沐浴在文化艺术中健康成长。

　　这些深刻的思考，不仅是教育者和理论家应该关注的问题，也是与人民大众息息相关的事情，更是美术教育工作者长期的职责和使命。

　　我坚信，民间美术在儿童美术教育中的发展一定会大放异彩！

目录 ♪

第一章　民间美术的发展与分类

　　中国的传统民间美术博大精深，源远流长，在中国五千多年的文化传承的长河中，以形形色色的状态展现在世人面前，成为文化艺术历史长河中一颗颗璀璨夺目的明星。这些颗颗如珍珠的艺术明星为中国文化历史发展进步起到决定性作用，增强了民族自信心，增加了民族凝聚力，壮大了民族精神力量。人民大众要保持对中国民族文化的传承，坚守我国的文化根基，让民族文化在全球文化一体化发展中永放光芒。

　　民间美术作为中国民间文化的一朵奇葩，她是五千年文化发展的智慧结晶，是人民大众生活和学习的经验的积累。民间美术在我国文化的发展史上具有重要的文化价值，是千百年来华夏文明发展的产物，是世代劳动人民集体智慧的结晶和创造性能力的展示。

　　她来自人民大众，是现代美术的重要的力量源泉，是我国古代先民物质文化和精神需求的物化现象，是我国人民大众精神需求的意念和自我情感表达的体现，是百姓对未来生活的一种期许，是中华民族优秀传统文化的重要组成部分之一。

第一节　民间美术的产生与发展

一、概念

　　在 20 世纪末，我国对提高全民族的文化意识有了新的政策，人民大众的精神追求随之升华，民间美术在一片欢呼的气氛中发展起来。民间美术专业教育家们开始忙碌起来，付出了大量的时间对民间美术进行收集和修缮，而且还有一部分专家、教授编撰书籍，并在政府部门的牵头下成立了很多的组织和机构，为进一步完善民间美术的组织和发展做了重要铺垫。在中国的不同区域也进行了民间美术活动的组织和部署，比如在山东高密、陕西延安等具有光辉历史的城市举办了剪纸活动，促进了剪纸艺术的发展，对其他民间活动的兴起也奠定了重要的基础。

剪纸作为中国主流文化艺术登上历史文化舞台的时间最早可以追溯到 20 世纪 80 年代。大型的陕北剪纸展览在北京举行，此次剪纸展览活动意义非凡。民间艺人、民间剪纸工作室、大学生、广告公司、文化艺术传播设计公司等来自各界的参与者积极参加了此次活动，且活动规模宏大，各界参与者，受益颇多，不仅增强了彼此之间的了解，加强了剪纸艺术的交流合作，也让更多的人了解到中国剪纸的辉煌历史。同时也展现了不同剪纸流派的艺术风格。此次活动非常成功，是中国文化艺术发展过程的一个重要标志，开启了剪纸艺术的新纪元。

在中国，《美术》杂志是一本文化艺术传播和研究的重要期刊，它为中国民间艺术提供了一个高层次的交流平台。很多民间美术艺术工作者在这本杂志上发表了海量的高层次民间美术研究文章，提出了很多让人耳目一新且高瞻远瞩的见解。关于民间美术方面研究的文章也得到了长足的发展，同时也为民间美术自身发展带来了很多契机，为民间美术艺术工作者和研究工作者提供了一个很好的交流平台和展现自我的机会。

"民间美术学术讨论会"和"中国民间工艺美术委员会成立大会"这两次大会的召开为民间美术研究的发展做出了重要的贡献，使民间美术的研究得到更进一步的发展，也使民间美术研究开始进入一个有序、有组织、有团体的阶段。民间美术系在中央美术学院的开办，标志着民间美术开始进入高等教育的视野，使更多的大学生接触到民间美术。学习民间美术，也为传承中国非物质文化遗产做出了重要贡献，提升了民间美术的艺术价值，扩大了民间美术的影响，使民间美术真正成为中国美术的重要组成部分，发挥其重要的作用，展现民间艺术魅力，丰富群众的文化娱乐生活。

随着时代的变迁，民间美术不断地向前发展，出现了更多百姓喜闻乐见的民间美术艺术形式，原有的各种民间美术艺术形式也获得了进一步的发展。在此背景下，民间美术研究借助《美术》杂志平台和相关各类学术年会，也不断向前发展，研究以论文、调查报告、著作等各种形式出现，这些理论研究成果使民间美术研究内容更加丰富，在一些研究学者的推动下，民间美术的研究逐步走向理论化、体系化、规范化的道路。

在世界各地，辛勤善良的劳动人民在生产实践过程中，创造出各种各样的民间艺术形态，可谓是百花齐放，千姿百态，包括各种美术作品、工艺作品，各种音乐艺术作品等。

劳动人民创造出来的美术作品具有鲜明的自身特点，和宫廷所创造出来的美术作品，以及文人墨客和宗教人士所创造出来的美术作品有着明显的区别。这些艺术作品是在中国人民的生产劳动和社会生活的过程中逐渐形成和发展起来的，是文化形式和民族艺术的一种代表性艺术。民间美术是由劳动人民为了满足生产、生活的自身的需要而创造形成的，是集实用性与美观性为一体的艺术形式。主要是在宗教活动和民族生产实践中产生的，劳动人民在创作过程中占据主导地位，是在生活和社会实践中，在本土资源的基础上产生和成长起来的。鲁迅先生称之为"劳动者"的艺术①，它是劳动人民自己创造，供自己欣赏或者使用的一种艺术形式，这种艺术形式贴近生活、贴近自我，为劳动人民喜闻乐见，为广大劳动人民所接受，为广大劳动人民所广泛传播。这种艺术形式往往有很强的地域色彩甚至民族色彩。专家学者们也一致认为，民间美术主要体现在民间两个字上，主要是老百姓自发自觉地结合自身的生产生活劳动经验，创作应用性强、使用价值高、审美价值高的艺术作品，在生活里可能它就是一个可以使用的物件，但是当劳动人民在追求美好生活的过程中赋予其艺术美的时候，它就不再是简单的一个使用的物件，而是以另外一种更高雅的形式展现在世人面前，这就是民间美术。它是中华民族形态中历史最悠久、群众性最广泛、地域特征最鲜明、历史文化内涵最丰富的源远流长的文化形态之一②。就目前民间美术的研究现状来看，民间美术大致可以分为普通劳动者的创作和一些专门美术工作者对原有民间美术作品的提升和改进。

民间美术的发展还有一个特点是其历史发展的长久性，具有非常深厚的历史文化积淀。在这条文化艺术发展的历史长河中，可能会出现一些低俗的、不高雅的东西，但是随着社会历史车轮的滚滚向前，其中的一些陈旧、低俗的东西逐渐被大浪淘沙般地涤荡出文化的主流视野，成为路边的小草被历史车轮碾压后消失在人们的视野中。

另外一点需要特别澄清的是老的、旧的民间美术不等于是陈旧的、过时的、落后的，相反这些艺术作品更能体现人们那种原始的朴素的情怀，更真实地反映出当时社会的生产生活原貌。有道是，酒，愈久弥香。民间艺术作品也是如此，往往越久远的作品越是让人感到亲切自然，越是传递其历史的心跳脉动，越是传递生命的活力，越具有生命力。

民间美术创作主题和材料的选择，是以本民族的生活、生产方式和自然经济的发展为背景，其作品具有鲜明的地域性特征、民族性特征和本土性特征，接近人民的生活实际、反映现实的生活，是建立在生产力与生产关系上的上层建筑。这使得民间美术在人文精神和物质基础上，都具备了方便的、适宜的生长和创作环境，并形成了相互联系、相互促进、相互吸收的良性发展关系，带动了民间美术的迅速发展与壮大，形成了独特的民族民间艺术形式和民族文化符号。它是为人们的生活而服务的，与人民大众紧密联系的艺术。民间美术带有明显的装饰性和实践性特点，也是集民族性和审美性为一体的艺术。民间美术的主题以日常生活、民族宗教和图腾崇拜为主；其构图简练和谐，运用散点透视和西方的焦点透视的结合；色彩鲜艳明快，主要反映的是民族传统文化精神和民族审美特性；表现手法生动、朴素，具有明显不同的地域特征和不同的表现方式与创作理念。艺术作品体

---

①刘忠红.民间美术：中国传统美术的根基［J］.中州学刊.2003：4.

②靳之林.中国民间美术［M］.五洲传播出版社教育科学出版社.2004：8-10.

现了人民大众创作的方式和审美意识观念，也包含了世界观、价值观、生活期盼和思想情感的表达，展示了中华民族深厚的文化内涵和坚定不移的民族气概。民间美术是中华民族无数劳动人民创造的智慧结晶，是民族感情和民族精神的沃土和根基，是民间艺术与民族文化的呈现和表现形式，更是世界艺术宝库中的一颗璀璨明珠。

二、产生与发展

中华文化博大精深，源远流长，在这一历史发展过程中，勤劳勇敢的中国人民，在生产生活过程中，创作出无数璀璨、优秀的文化，其中有些文化被赋予了具体的造型，而这些有形有状的艺术作品往往被人们归为一类作品，这也就是我们通常所说的"民间美术"。据专家学者研究，中国最早的民间美术作品的作者可以追溯到一万七千年前的山顶洞人，他们已经能制作出有一定装饰效果的项链——兽骨或鱼骨制作的颈饰。新石器时代的彩陶则是民间美术形式的最早雏形的高级形式。社会不断进步发展，今天我们进入社会主义社会，人们的生产生活发生了翻天覆地的变化，民间美术也逐渐地创造出丰富多彩的表现形式，具有鲜明的艺术特点。因此，基于我国社会生产力水平的不断提升，民间美术也得到了不断的发展和完善，并慢慢成为我国美术中重要的一部分，在世界范围内产生了重要的影响。

人类最早起源于原始社会，民间美术也随之产生。目前能够有据可考的是一万七千年前的山顶洞人制作的颈饰，尽管制作比较粗糙，但是仍然可以将其视作具有审美装饰的艺术作品，可以看作是民间美术作品的原始形态。这和当时劳动人民的生产生活有着紧密的关系，当时的一些原始人用骨刺骨针来缝制兽皮作为保暖衣物，在磨制这些工具的过程中工具越是锋利越是好用，而且这些锋利的工具手感极其光滑，看上去也是非常匀称，颜色温和光洁。渐渐地，人们把一些圆形的不能加工成工具的鱼骨兽骨也磨制得表面光滑，并绑扎在一起作为装饰物品观瞻，后来直接挂到身体上的一些部位如脖子、胳膊、手臂、腰部等位置，作为装饰好看的部件。慢慢地人们就有了装饰的审美感，从而开始追求视觉的美感。

早期原始人的这些粗糙的美术作品对后来的民间美术作品也有着深远的影响，他们总是直接或者间接地影响着后期的民间美术作品。后者是在前者实用性与审美性的直接或者间接继承，并发扬光大，因此后者在其作品中难免会透露出前者的种种元素，有的甚至直接保留一些原始艺术的元素。如在版画、壁画、雕刻、剪纸、刺绣中就有很多元素直接来自原始图腾的形状、颜色、构图。这些原始图腾的各种元素给人以神秘感、历史感、遥远感，可以让历史文化沉淀，给艺术作品的观瞻者以强烈的视觉震撼。

在民间美术的发展过程中，民间美术艺人不仅从美术作品的形态的角度来学习和传承艺术作品的制作，还对其制作的技能进行了传承和学习，并且经过世世代代民间美术艺人的改良发展，一些美术作品在古代达到了很高的境界。原始社会的颈饰、仰韶文化的彩

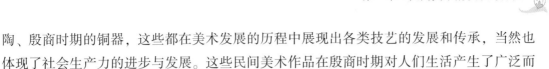

陶、殷商时期的铜器，这些都在美术发展的历程中展现出各类技艺的发展和传承，当然也体现了社会生产力的进步与发展。这些民间美术作品在殷商时期对人们生活产生了广泛而深刻的影响。

民间美术以其强大的影响力渗透到人们生活的方方面面。比如在竹编、竹刻、草编、蜡染、面塑、泥塑、糖人、剪纸、皮影、风筝、年画等表现形式中，不同的艺术作品不仅体现了生活或者生产过程的具体应用，也体现了其最初的应用性。在应用价值得到满足的时候，人们逐渐开始向往美，然后就逐渐融入了艺术审美形式，并且这一特点在文化历史发展过程中显示了极其强大的生命力，在我国民族艺术领域中影响深远，并占有很高的地位，在我国民族艺术中占有一席之地。

艺术来源于生活，民间美术更是如此，没有辛勤朴素的劳动人民，民间美术也就失去了存在的价值和意义，就成为无源之水，无本之木。所以说民间美术的根在广大劳动群众身上，所以他的作者也主要来源于广大劳动群众。这些人如工人、农民、渔夫、樵夫、手工业者，当然这里也有部分专业从事民间美术工作的群体。但这些专门从事民间美术的工作人员也是深深植根于广大劳动群众中的，脱离了劳动群众，他们的创作源泉也将枯萎凋零。

民间艺术在产生和发展过程也有着另外一个特点，在古代由于交通不发达，不同地域之间的交流也比较少，而民间美术在产生和发展过程中有一个比较明显的特征，那就是其区域性比较浓，如山东泰安的老范老师的皮影戏，其皮影的制作、皮影的演唱技法和腔调，与湖北皮影、唐山皮影、山西皮影、宁夏皮影等地方的皮影相比，可谓是风格各异，特色鲜明，也形成了形形色色的流派。这些流派由于古代交通欠发达，不同流派之间的交流甚少，所以保留了独特的地方特色，从内容到表演方式、表演技巧上都深深烙上了明显的地域文化特色，同时保留了较强的独立特色。当然在不同国家之间特别是同西方国家之间的这种民间美术交流就更少了，改革开放后，这一局面才得到改变，中国同亚洲国家，特别是西方国家之间的民间美术交流开始活跃起来，但此时的中国民间美术已经成为相对独立稳定的艺术形态，以挺拔的姿态屹立于世界艺术之林，同时在与国外交流的过程中被别国所接受和喜爱，逐渐成为世界艺术之林中不可或缺的一块瑰宝。其中，扬州是中国剪纸的重要发源地，其始于唐代，主要对象为名胜古迹、鸟兽虫鱼、人物花卉、奇山异景等，尤以四时花卉见长。中华人民共和国成立后，随着国家的重视，扬州剪纸更得到了史无前例的大发展，保持了旺盛的生命力，体现其较强的特色和独立性，同时形成更为完善的系统。当今，在众多的艺术博览会上，中国民间美术在国际享有很高的地位。中国的艺术在整个亚洲享有最高的声望，就像希腊艺术在欧洲所享有的声誉那样。

现今的美术教育工作者普遍认为，民间美术是扎根于民间生活的艺术形式，以简练、淳朴、健康为主要的艺术特点，其本身所蕴含的浓厚的乡土气息得到大众的肯定。民间美术一般反映了我国各区域、各族人民的日常生活、宗教礼仪、节日庆典等主题内容。在艺术造型中彰显出中华民族独特的审美方式和我国劳动人民艰苦朴素的精神，展现了我国各族人民对美好生活的向往和孜孜不倦的追求。

改革开放为中国经济发展提供了前所未有的机遇，从此中国踏上了快速发展的高速通道，经济地位的提高也使得西方国家不敢再小瞧我们，中国的国际地位不断提高，影响力不断增强。在此背景下，中国的文化开始走出国门，孔子学院就是一个很好的证明。同时，中国元素正快速融入世界文化主流，并产生积极影响。在我国人民大众的日常起居等生活现状中以崭新的姿态迎接着新的世界文化的到来。作为我国重要文化资源的民间美术也不例外，虽然她身处中国大好河山的各个地方，远离着城市的喧闹，坚守着民族化、本土化的艺术风格，却以优雅的身姿勇敢地接受着世界文化的冲刷。在改革开放的影响下，西方国家和亚洲等国家的激进的思潮影响着我国的方方面面，冲击着我国落后的自然经济，人民大众的精神世界、物质需求、审美思维都随之改变，外国的现代价值观冲击着崭新的中国。而民间美术慢慢地淡出了大众的视野，甚至在年轻人的世界中已经被遗忘，这正是由于西方文化的进入带给百姓的消极的一面。世界在改变，人们对民间美术的欣赏角度也在变化着。与百姓生活相联系的简单的、笨拙的工具和材料制作完成的手工艺品，没能够与时俱进，她们的艺术魅力已经无法与当今社会发展的速度相平衡，而是出现了缓慢发展，甚至是停滞不前的状态。民间美术的艺术魅力无法满足人们生活的需求，失去其原有的艺术魅力。

时值经济快速发展的今天，人们的生活节奏加快，所以时兴的快餐文化如电影、电视剧、娱乐综艺节目等充斥着当今文化娱乐市场，并成为文化娱乐界的主流文化，而民间艺术节奏慢使得年轻人失去了兴趣，民间美术也同样遇到此类问题，特别是一些民间美术艺人离世后，因为种种原因，传承人没有了着落，有的是因为家族里没有人喜欢做这一行业，有的是找不到合适的传承人，更多是因为后人对民间美术失去了兴趣，在世的手工艺人也因为生存等原因，被迫改变作品的原创性。在这样的环境中，民间美术后继无人，民间艺人生存境遇不佳等诸多原因，使得民间美术传承这条线开始中断。

拯救正在消亡的民间美术已经成为当今中国面临的一个主要课题，从国家政府到团体组织再到一些仁人志士，为了保护和传承民间美术这个民族的瑰宝，都做出了不懈的努力。目前国家出台了一系列的政策措施来保护民间美术。1997年5月的《保护传统工艺美术条例》、2003年的《中国民族民间文化保护工程》和同年的《抢救和保护中国民间剪纸蔚县宣言》等一系列文件措施，都在努力将民间美术文化遗产抢救工程付诸行动，将保护工程落到实处。中国民协在这方面也付出了大量的辛劳和努力，为民间美术的传承采取了各种灵活多样的方法和手段。卓有远见的仁人志士到处奔波，加强调研走访，为政府保护民间美术提供决策参考，这些辛劳都没有白费，都在不同程度上保护着我们民族独有的精神文化家园。

每个民族都有自己的文化标签，这种文化标签是独一无二的，也是保持民族艺术独立于世界文化艺术之林的内涵所在。但是同时，民族的也是世界的，它是组成世界民族艺术的重要组成部分。民族美术作品和现代作品其实是一种互补，就如同传统和现代的互相补充一样。实际上是一个矛盾体的两面，二者紧密相连、互相补充，有时互相排斥。我们现代人的努力点在于发展现代文明的同时，保护传统的艺术，找到两者共存共生的和谐点。

很多成功的案例也说明了这一点，有些作品要么是在设计方面要么是在绘画方面，之所以能够被他人认可，都脱离不了本土元素的体现而渗透，很好地吸收了本土元素的营养，再加上个人灵感天赋和娴熟的技法才能被他人认可，也能得到艺术界的尊重。现代和古代，传统和当代，古典和现代这些融合将给艺术带来新的感受和体验，焕发出新的魅力，并向世人展现出包容古今的艺术风貌，重新获得大众的推崇。

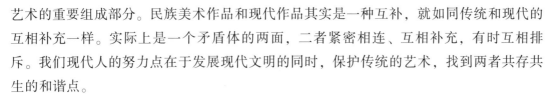

第二节　民间美术的分类

民间美术的分类标准不一，所以就产生了多种多样的分类，很多专家学者认为可以大致分为三类。第一种，形体民间美术类如：陶瓷陶器类、木偶类、雕刻类、编制类等；第二种，外观民间美术类；第三种，功能美术类。剪纸作品主要是由广大的劳动人民通过生活实践创造而来的，并装饰着我们的生活环境，美化着我们的生活，提高人们的审美修养，满足人们的理想以及道德情感的体现和升华。民间美术一直是在不断发展和创新的过程中，是一个极具民族特色的艺术表现形式。

一、剪纸

民间剪纸是中国古老的传统民间艺术。它风格独特，流传已久，深受大众喜爱。剪纸是一种留白的特殊艺术，其最早产生在民间的窗花，这种艺术也是非常实用的一种民间艺术，他采取镂空的技术手段让剪纸艺术以线条的形式表达出来，这样的剪纸贴在窗户上既可以保留一定的隐私，也不影响采光，还能起到美化窗户的效果。用来剪纸的材料很多，可以是皮、树叶、纸张等，当然现在更多盛行的是用红纸，红色既喜庆又好看吉祥。在广大农村，这种艺术形式被广为流传。

剪纸具体制作工具就是一把剪刀，但是剪刀在剪纸艺术家手里就是一把创造艺术的工具，艺术家用它将纸张按照个人的理解剪成各色各样的图形画案，如喜鹊登枝、蜡梅迎春、金鸡报晓、年年有余等，这些剪纸作品有的贴在窗上有的贴在门上，有的贴在墙上，有的甚至贴到顶棚上，还有的贴在灯笼上，起到很好的装饰效果。这些都与生活紧密相关，蕴含着很多美好的寓意。剪纸主要用于一些喜庆、欢乐、祥和的时候，如春节，新人结婚，人们一般会用红色纸张为原料剪出各种各样的剪纸，然后将这些剪纸贴到门上、窗户上、婚房的墙上（见图1-1）、灯笼上，这样让整个环境变得非常喜庆。不同的剪纸题材象征不同的含义，如娃娃剪纸表示儿孙满堂、多子多福，花鸟虫鱼表示生活安详，猪狗等家畜或者麦子玉米的剪纸则象征六畜兴旺，谷物丰登。

图1-1　剪纸（囍字）

不同地域的剪纸其风格差别也是有的，有的剪纸线条粗犷，有的剪纸则线条柔美细腻，颜色鲜艳美丽，还有的剪纸彰显雍容华贵。南通剪纸精巧细致。剪纸的制作方法虽然简洁，造型朴实单纯，但它能够充分反映劳动人民的情感追求和生活理想，是中国民间美术众多形式中的精髓，具有浓厚的地域特色。

（一）剪纸历史

西汉初年，人们发明了造纸术，蔡伦改进了造纸术，早期的纸张非常昂贵，因此人们是舍不得用来做剪纸艺术的，但是人们开始使用树皮、动物皮或者其他比较薄的物品材料，运用镂空的技术进行简单朴素的加工，这也许可以看作是剪纸的最早形式。

在《史记》中有这样一段有趣的剪桐封弟的传说故事，说在西周初年，武王姬发死后，长子姬诵做了国君，也就是周成王。有一天，周成王把一片桐叶剪制成一个"圭"形，赠予其弟，还说："把这片玉圭给你，封你去做唐国之候吧！"本来这是一句开玩笑的话，但是君无戏言，成王于是就真的让弟弟叔虞到唐地做了诸侯。由此可见，这是我国关于剪花艺术最早的文字记载了。当然在我们以前学过南北朝时期的乐府民歌《木兰诗》中就有"对镜贴花黄"的诗句，其中"花黄"就是指剪纸。在战国早期已经出现用银制品、动物皮等材料做成的剪花作品，可以说是剪纸艺术的萌芽。

最早的剪纸作品，可以追溯到在新疆出土的北朝年间的剪纸（见图1-2）。出土的剪纸总共有五幅，采用团花形式进行剪制，主要的构成特点就是运用反复折叠的方法，在表现手法上物象之间不会出现遮挡关系。

随着隋朝政权的建立，结束了魏晋南北朝动乱和更迭，剪纸艺术随之延续和发展，其发展程度大致与南朝相同。到唐代盛世时期，社会和谐稳定，百姓安居乐业，社会经济的发展带动了造纸技术的发展，各种纸制品进入民间日常生活中，民间剪纸在这样的环境之中也得以普及。

图 1-2　北朝对马团花剪纸（左为残片，右为复原图）

在唐朝时期，剪纸艺术得到了普及，而且相当广泛。在中国文学史上，不少著名诗人在诗句中也融入了剪纸的艺术，反映了当时的社会情景。比较有代表性的是唐朝现实主义诗人杜甫曾有"暖汤濯我足，剪纸招我魂"的诗句，可见，在当时的丧事中让亡人得以安息的愿望，通过剪纸的方法得以实现。当时著名的诗人崔道融在《春闺二首》也曾用诗句来表达剪纸的广泛运用，他是这样描述的："欲剪宜春字，春寒入剪刀"，描写的是用剪纸来表达春天的到来。著名诗人李商隐也曾经写过"镂金作胜传荆俗，剪彩为人起晋风"的诗句。

唐代剪纸水平体现了较高的水准。我们可以从作品中看一看当时的剪纸作品，剪纸画面的内容表达带有明显的实用性，其构图的表现方法不一，以对称式的为主，是当时的人们对于理想生活追求的表达方式之一。在唐朝还流行一种叫"颉"的纹样装饰以及进行镂空装饰的花纹也具有剪纸的艺术特色，日本的正仓院收藏了一幅"对羊"的作品，其中的纹样就是从剪纸的形式变化而来的。在唐朝，民间艺术的发展非常迅速，出现了一种叫漏版的印花板技术，其方法是先将厚厚的纸板材料进行剪刻，做出花纹和装饰图案，再将颜料漏印到丝织品上，然后会形成艳丽多姿的装饰纹样，这种手法就是运用剪纸的表现形式来完成的。

唐朝和五代时期的剪纸（见图 1-3）与绘画已经进行了结合，可以从以下两幅作品中看出其艺术特点，《菩萨立像》（见图 1-4）就是运用如此技法。通过当时出土的一些剪纸作品来看，其画面的内容丰富，构图合理，主题明确。当时剪纸主要是在殿堂、寺庙等佛教场地所使用，具有一定的功德作用。

图 1-3　五代双鹿与塔 30.5cm×19.2cm　　图 1-4　唐代菩萨立像

　　唐朝时期的幡胜和人胜在百姓的风俗习惯中非常时兴，而且衍生出了很多的装饰纹样。在唐朝，皇帝会在人日和立春之时，将彩胜送于皇亲国戚、文武百官，说明当时的剪纸艺术非常时尚且具有一定的价值意义。在当时的清明节，为亡人扫墓非常盛行，为了表示对亡者的悼念之情，他们把纸钱进行燃烧，烧纸钱就是从那时开始流行的。每逢端午节，百姓除了挂艾草外，还把门神的形象由原先的关羽像换成了驱鬼的钟馗像，这就是剪纸艺术的变化形式之一。在唐朝时期的乞巧节，也就我们今天的七夕节，人们还把牛郎织女的造型采用剪影的形式表现出来，这就是最早的剪影艺术了。通过以上的案例说明了剪纸艺术是在唐朝时期时十分重要和流行的艺术。

　　剪纸在百姓的生产和生活中也得到了普遍的运用。主要是在家用器皿、瓷器、工艺制作等日常用品方面，在一些民俗节日中，比如在孩子庆百日、婚丧嫁娶等活动中，到处都是剪纸的影子。从莫高窟出土的一些唐宋时期的文物中，还证实了剪纸与佛教之间的紧密联系。当时的僧尼为了宣扬佛教艺术，传播佛教艺术的魅力，采用剪纸的形式进行传播，加强了两者之间的联系，使佛教艺术的光芒普照百姓，也丰富了剪纸艺术的表现内容，这是中国剪纸艺术发展史上重要的构成部分。

　　隋唐和五代时期是剪纸艺术的普及阶段。在北宋政权建立后，社会发展战趋于安定，人民生活安居乐业，文学艺术开放，不同的信仰得到融合，人们的思想意识得到解放，经济空前繁荣，城乡文文化不断交融，而且手工业作坊众多，民间的艺人涌入城市，甚至一部分文人也加入了剪纸艺术的队伍之中，使得剪纸得到前所未有的发展，在人民的生产和生活中得到广泛的普及。

　　宋代词人周密在《志雅堂杂钞》中也曾记录了剪纸在这个时期非常流行，剪纸技艺水平很高。

　　随着商品经济的不断发展，人们的思想意识和价值观也随之改变，在传统节日、日常生活、宗教信仰等风俗中也发生重大的改变，人们对民间艺术的认识发展到了一个崭新的层面，剪纸艺术的特色更加鲜明。

　　随着剪纸的表现内容和形式、技法等更加丰富多彩，不仅在春日等重要的场所使用剪纸，来加以美化环境和丰富人们的生活。在生活中使用的范围也越来越普及，比如在元宵节时，为了烘托节日的气氛，在彩灯上的灯罩上添加剪纸元素；在中秋节，巧手们用月光纸剪制嫦娥奔月等团花图案，图案用来供奉月神，表达自己的心愿与祝福；在新婚时，在赠送的礼品上贴上漂亮的剪花，表示对新人的祝福与期盼。剪纸的表现形式和作用越来越普及。当时宋代的皮影也开始盛行，在有些地区仍然可以看出当时的剪纸作品保留着皮影的表现方法。

　　到了宋代，由于造纸业的不断发展，纸张变成人们日常消费品，纸张的种类也大大增加，这些都为剪纸艺术的发展提供了有力的支撑。剪纸在人们日常生活开始普及，人们学习接触剪纸艺术的机会大大增加，原来作为富人的奢侈消费品逐渐在普通百姓人家流行，而正是这种大众化的流行，为剪纸艺术的广泛传播提供了有利的条件。市场需求决定产品产量，剪纸艺术也是如此，正是由于市场的扩大，剪纸艺术为满足市场也逐渐走上了快速发展的道路。宋代的剪纸市场范围非常广泛，有的可以作为礼物互相赠送，当时的人们亲切地称其为"礼花"。有的是在婚庆的大喜之日，人们常常是在窗户上、影背墙上贴上一个大大的剪纸双喜字"囍"，这个"囍"字剪纸几乎成为婚庆的标志。当然人们还可以将剪纸的图案贴到彩灯上，也有的把剪纸的图案缩小后直接烧制到彩陶器皿上（见图1-5），这样就将两种艺术融合在一起，更提高了艺术作品的审美情趣。在宋代，剪纸的主题更加丰富，剪纸与其他艺术形式的融合进一步加深，除了上面提到的剪纸艺术和陶瓷制作的融合之外，剪纸人物、动物等形式也逐渐开始与皮影戏结合在一起（见图1-6），并产生了良好的效果。同时剪纸艺术也开始运用到蓝印花布的制作过程中，展现两种艺术的魅力，取得两种艺术融合的效果。

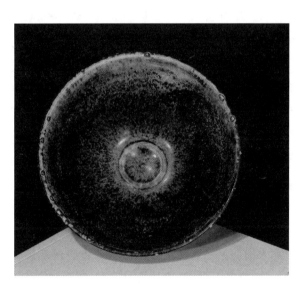

图1-5 宋代 吉州窑剪纸贴花方块盏　　　　　图1-6 皮影剪纸

专门从事剪纸艺术的手工艺人随着社会经济的发展逐渐在南宋时期出现，这些剪纸艺人得到老一辈的真传，技艺比较高超，很多人开始购买他们的剪纸作品，有些人也就慢慢脱离了农业生产逐渐成为职业剪纸艺人，当然也有一部分人一边从事剪纸生产销售，同时也没放弃自己原有的农民身份，这部分人也就是我们现在所说的剪纸兼职人员。这些剪纸艺人各有所长，有的擅长剪制猪狗牛羊等家畜；有的擅长剪制花鸟、五谷，还有的擅长剪制各种字帖，各式各样、各有特色。

宋代之后，剪纸艺术的手工制作水平不断提高，其技术手段也不断翻新并走向成熟。到了清朝时期，剪纸艺术在技术手段制作程序上已经非常成熟，创造了剪纸艺术的最为辉煌的时期，从而到达了剪纸艺术的巅峰阶段。彩灯上、扇面上、刺绣上、陶器上、家具摆设上、家居装饰上、门窗、门栈、墙面、棚顶等很多地方都可以看到剪纸艺术直接或者间接地闪烁其间。

艺术来源于生活，剪纸来源于民间，剪纸是老百姓最为朴实无华真情实意的流露，清代时到达鼎盛时期（见图1-7），剪纸艺术已经普及全国，从平民老百姓到皇亲国戚、王公大臣，大家都使用剪纸来装点自己的生活，美化生活的环境。坤宁宫是皇帝活动的一个重要场所，皇帝都在这里举行盛大的婚礼庆典活动。所以这里的装饰显得格外喜庆豪华，其窗花贴纸喜庆，"囍"字四张装四角，龙凤图案画点缀顶棚。

图1-7 清代剪纸 鸭子戏莲

自鸦片战争以后，中国社会由上至下发生了巨大的社会变化，闭关锁国的政策被西方列强用洋枪大炮所击倒。中国的社会逐渐沦为半殖民地半封建社会，人民处于水深火热之中，遭受着比以往更加深重的灾难，腐败的清政府在落后挨打的情况下产生了"恐外症"，失去了抵抗外来侵略的信心，一味地妥协退让，而贪得无厌的西方列强则利用清政府的软弱不断以各种借口发动小规模战争获取更多的利益。在帝国主义和封建主义的双重压迫下，英勇的中国人民开始了不断地反抗和斗争，农民以太平天国运动和义和团运动为代表，学生则以代表先进思想的五四运动为代表，在这些运动中，人民的认识与思想发生了剧烈的变化，也对剪纸艺术的发展产生了深刻影响。当时以农民运动为核心的太平天国和义和团的领导比较重视人民大众的力量，对来自人民群众的创造性的劳动特别支持，比如说来自民间的剪纸题材，由原先的表现人们节日、宗教、英雄人物、神话故事等安定、祥和的题材，转化为满足当时社会现实需求，符合当时国情的主题，那就是适应当时的生产、生活的斗争和革命需求的剪纸题材，剪纸继续沿着本身的发展路线变化和发展着。中华人民共和国成立前后，伟大的中国共产党为完成自己的重要使命，为了人民的幸福生活，为了向全世界展示中国共产党的无畏精神，中国共产党乘风破浪，披荆斩棘，继续进行着伟大的解放战争的斗争。在这些战争中，劳动人民与中国共产党紧密依靠在一起，同生共死，用自己独有的方式服务于社会，贡献自己的力量，使得剪纸艺术的题材得到进一步的深化。

由于常年的战争，人民的生活变得不安定，社会状态变得不稳定，特别是在发达城市里百姓的物质需求亟待提高，对精神方面的需求已经降低，剪纸的发展开始走向衰落。虽然在一些偏远的山区和农村没有受到严重的破坏，剪纸的古老的表现形式依旧在延续着，但实际上大部分的剪纸已经遇到了非常严重的破坏。经济越是发达的城市，剪纸艺术的变化越明显，这都是由当时社会的状况决定的。当时由于中国沦为半殖民地半封建社会，西方列强强势进入中国，西方人的审美观念也在影响着剪纸艺术。同时，百姓为了发展经济和满足自身的生活需求，一种新型的西洋剪纸以及符合百姓需求的低端的市井画应运而生，既符合了外国人的生活需要，也促进了经济的发展。虽然传统剪纸已经受到了前所未有的冲击，失去了剪纸原有的味道，但从长远来看这是符合社会发展需求的，不违背社会的发展规律的积极的、主动性的艺术表现，这促进了剪纸艺术的发展，而且还创造性地表现出丰富多彩的形式，使得剪纸艺术的发展又向前迈进了一步。

自新文化运动以来，新思想影响着无数的教育学者和学生，他们用自己的实际行动展开新形势下的文化改革。当时比较有代表性的人物如蔡元培先生、刘半农先生、鲁迅先生等，他们积极倡导，努力发展中国传统民俗文学，在他们的努力下中国传统民俗文学逐步体系化系统化。1930年，就民间剪纸艺术的研究和作品创作而言，当属老一代艺术家陈志农老先生，他潜心研究艺术创作，以老北京的人文历史如工匠人物、北京老胡同、老天桥，甚至一些街上的闲散人员，为题材进行了多方位的刻画和创作，陈老比较出名的作品专辑《旧京百影》，更是在文学艺术界影响深远。

20世纪40年代，中共中央提出了文艺应当为基础劳动者服务的思想口号，大量的接地气的、接近老百姓生活的剪纸作品应运而生。大批艺术家响应党的号召开始上山下乡和普通百姓同吃住同劳动，体验生活，并学习民间剪纸艺术，在此过程中这批优秀的艺术工作者通过调查整理、汇总并进行深入研究，在理论和实践方面对民间剪纸都有很大的推动作用，作品集中反映了边区劳动人民的精神风貌，同时也体现劳动人民在民族危亡之际，敢于奉献自我，打败日本帝国主义的决心和勇气。作品真实再现了当时血与火交织的战争岁月。这些创作将剪纸事业向前推进了一大步，使传统的民间剪纸发生了创新性的变革。1944年，西北地区的民间新剪纸作品首次在陕甘宁边区进行展览，剪纸艺术获得了新的发展机遇，延安的剪纸开创了中国现代剪纸的新纪元。

1949年10月1日，经过十四年艰苦卓绝的抗日战争和三年的国内解放战争，中华人民共和国终于以崭新傲人的姿态屹立于太阳升起的地方。中华人民共和国成立后面临的是百废待兴的局面。为了鼓舞士气，中国政府一面着手恢复经济发展，一面从文化战略的角度提出了"百花齐放，推陈出新"的方针，这不但鼓舞了人们发展生产力，扩大生产，也给中国的文艺工作者们提供了发展的春天。剪纸艺术家们纷纷以新社会的新变化、新格局、新人、新事为主题进行剪纸艺术的新创作，反映新社会蒸蒸日上的作品应运而生，题材主要集中在劳动生产、采摘、耕种、体育、歌舞、少年儿童、模范英雄等方面（见图1-8）。

图1-8　现代剪纸
抗日小英雄——雨来

从剪纸艺术的发展来看，在中国古老艺术文化发展的滚滚长河中，它一直是一条具有强大生命力的支流，在发展过程中，中国的民俗活动一直作为其成长的重要土壤，为剪纸艺术发展提供丰富的养料。民间美术屹立在国际文化历史舞台上，这和中国的深厚的底蕴分不开的。其规模宏大、造型独特的剪纸艺术震撼了国际友人，是文化交流的重要途径和方式。由于创作者的生活经历、个性和审美情趣的不同，其作品也呈现出独特的艺术风格，体现了艺术家们独特的创造力和艺术魅力，这是创作者主体创作意识觉醒的体现。

（二）剪纸的表现方法

1. 阳刻剪纸（见图1-9）

所谓的阳刻剪纸法就是在保留原稿的轮廓线的基础上，剪去其他的空白部分。阳刻剪纸整体是相互连接的，每一条线都不能改变，从而呈现出牵一发动全身的局面。

2. 阴刻剪纸（见图1-10）

阴刻剪纸去掉构图轮廓后在原稿上的留白所呈现出来的留白轮廓。这种剪纸的特点是轮廓各部分是不相连接的，虽然不是相互连接的状态，作品的整体却呈现的是块状。

图1-9　阳刻剪纸　　　　　　　　图1-10　阴刻剪纸

3. 阴阳互刻

在剪纸过程中，采用阴刻和阳刻两种剪纸艺术手段，虚实结合使画面效果虚实突出，形象更为突出鲜明，同时还起到主次分明，主题突出的效果。

4. 孔洞剪纸

方法第一步是先描摹轮廓，即主题素材轮廓描摹，第二步用刀、剪刀等工具按照描摹轮廓剪出形状，第三步是针刺穿孔。这种剪纸多用于多层纸剪纸的制作加工。

（三）剪纸的表现形式

1. 单色剪纸

单色剪纸是剪纸艺术中的最为基本的手法，这里单色纸中常用的几种纸张的颜色为红色、金色、褐色、绿色、黑色等，这类剪纸多用于窗花和刺绣。表现手法也灵活多样，阴刻、阳刻、阴阳互刻三种表现形式都或多或少地有所体现，除了上面提到的三种表现形式，折叠法、剪影法、撕纸法也是单色剪纸的几种主要表现方式。其中折叠法在普通老百姓中更加常用。其具体操作方法为先按照一定逻辑关系把纸折叠好而后再按照一定的路线剪，剪完后将折叠的纸张打开就会展现出我们原先预设的图案或者图形，这种剪纸方法体现了几何构图的一些思想，比如说对称关系、对应关系等。这种剪纸方法相对说比较容易掌握，制作起来比较简单，好操作。但是这种剪纸有其一定的局限性，那就是剪出来的图案原型应当是结构对称的，否则很难使用折叠法，这也说明了折叠法在剪纸过程中使用有一定的局限性。能够用于折叠法的素材主要是结构对称的动物或者物品，如人物、蝴蝶、对鱼、乌龟、蟾蜍、倒影、几何纹路、花卉、人文景观、家居器具等。除了对称这一特点，另外一个特点是折叠法的变化表丰富，不同的折叠会产生不同的效果，（见图 1-11）。

图 1-11　单色剪纸

剪影也是剪纸的一种形式（见图 1-12），这种剪纸艺术形式比较久远，也是比较原始朴素的一种剪纸方法，这种方法注重的整体性，着眼于人物、动物、事物的形体造型特点和造型的美，借助剪影这种方式加以突出美化，给人以粗犷美、形体美、线条美、整体美。工具为剪刀或刻刀，纸张主要用深色纸为主，其中黑色纸比较常用。现代的摄像摄影有时也会用到这种艺术手段，突出人体某个部位，或者某个形体的部位时都会用这种剪影艺术手法。剪影还有一个重要的特色那就是透光效果表现得非常好，为表现人物的某些特殊形象，剪影是最好不

图 1-12　剪影

过的艺术手段。皮影也是中国传统艺术的重要形式，还被列为非物质文化遗产。在皮影艺术中，剪影的艺术手段被发挥到了极致。同时，这也说明剪纸艺术和皮影艺术之间的互相交流和借鉴，促进了二者的共同发展。

撕纸作为剪纸的重要形式，其实也可以看作是剪纸的演变。这种艺术形式有它自身的优越之处，也有其自身的局限性。撕纸简单来说就是用手撕出图案形状，而不是用剪刀或者刻刀。其优越性在于制作方便，只要有纸张随时可以制作，但是局限性也很明显，那就是制作精度相对差些，而且很难实现复杂精细的制作。其特点非常明显，那就是古朴拙雅、豪放雄健、现场表演性很强。

2. 多色剪纸

所谓多色剪纸也就是在同一主题下采用多种颜色的纸张来完成同一件剪纸艺术品。这也是剪纸艺术的由单色到多色的一种前进和发展，这种发展和进步不单是体现在纸张的颜色上，同时也体现在剪纸的技法及其表现途径上，其具体表现方式包括：套色、填色、勾绘和彩编等多种形式。不同的形式也让剪纸的特色更加突出，点染浑润，套色脆利色亮。

多色剪纸中还有一种重要的剪纸形式，那就是点染剪纸。从字面上很容易理解，点染剪纸就是在剪好的纸上点缀不同的颜色，如果剪纸是很多层次的，可以放在一起点染，因为层数多，有的纸张层面可能染不上颜色，所以在点染的过程中经常使用生宣纸作为剪纸的材料，因为生宣纸更容易透色，即使用生宣纸作为剪纸原料，有时也会因为层数太多，点染的颜色可能没法浸润过去。为了解决这个问题，聪明的剪纸艺术家用毛笔点染时，在颜色染料中按一定比例添加一些白酒，这样既可以稀释颜料，又可以增强颜料的流动性，在一定程度上也就增强了颜料在宣纸的浸润力度，达到层层剪纸都能染上色的目的。为了便于点染，在阴刻和阳刻的使用方面，阴刻更为常见，因为阴刻可以把大面积的留白纸面留下来点染上色。点染剪纸的颜料还可以使用染布用的红色、绿色等颜色，这种颜色染料比较容易扩敞透色，一次可以染多张纸，最多时可以染五张，当然这种颜料如果再加入少量白酒，透色力度会更强，而且不会造成纸张的缩水、变形等不利变化，浸润效果良好，纸张平整耐看。

点染作品时，应采用多只毛笔，每只毛笔只蘸一种颜色，各类颜色互不混合使用，这和油画的做法比较相近，在色彩搭配中，利用黄、蓝相混呈现出绿色，红蓝相融呈现出成紫色等颜色。现在厂家广泛采用流水作业，染工一字排开，一人染红黄，一人染蓝绿，轮到最后一个人时就呈现出最终的颜色了（见图1-13）。

图1-13　点染剪纸

阳刻是套色剪纸主要运用的方式，操作时运用各种颜色的纸，根据提前设计好的图案进行布局、安排、粘贴。其主要步骤包括：①选材，主稿选厚实的纸，或绫缎、绒布等高级材料，深色为佳；②雕刻，大面积剔除或剪除纸张以便套色；③粘贴不同颜色的纸张，黑纸和金纸是常用的颜色纸，要根据具体需要分别粘贴不同的颜色。套色的程序基本可以概括为，先小后大，主调不过四，冷暖和谐，具体来说就是先套小色块，再套大色块，套颜色的色调不超过四种颜色，冷暖的搭配应当和谐统一，适当掌握一个科学的比例。

套色剪纸（见图1-14）不区分整体套色还是局部套色，只是根据实际需要，看是否需要整体套色。应当主题鲜明，局部套色应当注意点睛。

套色剪纸的用色方面一定要讲求精益求精，绝对不可以有多余的色彩，更不可以画蛇添足，一个颜色可以说明问题，绝

图1-14　套色剪纸

不用两个，两个能说明问题的绝不使用第三个颜色，这也就是艺术的大成必简，朴素通往华丽，简单通向流行。

彩色拼剪纸（见图1-15），是指先用不同颜色的纸剪裁，再将剪好的不同颜色的剪纸部件拼接组合在一起，从而构成一个完整的剪纸艺术作品。各个颜色的剪纸部件应当注意色彩搭配的逻辑合理性，色彩搭配要简洁明了、科学合理，不要过于花哨，以免落入俗套。另外，彩色拼剪纸要注意主次之分，也就是应当注意主色调和次色调，不可以喧宾夺主，什么是主色调，什么是次色调，在开始制作剪纸部件的时候在大脑里应该有一个清晰的设计。当然，现在的设计师更喜欢在电脑里预览一下设计效果，再开始制作，但古老的剪纸艺术家们只能提前设计，并储存到大脑里。比如在一幅剪纸中，大海是蓝色的，云是白色的，船是褐色的，鱼儿是银色的，分别剪好后，组合粘贴在一起，其色彩鲜丽明快，装饰性强。

填色剪纸又名"笔彩剪纸"（见图1-16），用笔绘操作。将主稿贴在白色纸上，而后根据需要填充颜色。

"铜凿"剪纸产生于广东佛山，具体做法类似于填色剪纸，首先是将黑色剪纸贴到白衬纸上，然后用笔在线条轮廓内进行描绘。

图1-15　库淑兰　剪纸

图1-16　填色剪纸

3. 木印剪纸

木印剪纸（见图 1-17）从字面上看不难理解，在这
种剪纸过程中出现了印刷技术，也就是结合剪纸技术和
印刷技术的一种全新的剪纸艺术，但仍然称其为剪纸，
而没有称其为印刷，主要原因在于印刷技术是服务剪纸
艺术的，也就是说，最后的成品是以剪纸的形式呈现在
人们面前。其制作方法大体可以分为两种，一种是先印
后刻，另外一种是先刻后印。这种剪纸艺术的最大特点

图 1-17　木印剪纸

是可以大批量制造固定题材和故事的剪纸，如民间故事、
民间传说神话故事。但是这种剪纸也有其不足的地方，即制作成品后不易改动，而且成品
的人物、动物等图案呆板，一旦成型后就容易陷入固定模式，很难有更好地改进和发展。

4. 喷绘剪纸

喷绘剪纸跟其他的剪纸有所不同，它是借助于现代化的工具完成的，主要的工具是喷
枪或喷笔，可以把颜色喷在衬纸上，也可以直接喷染在装裱好的剪纸作品上。由于喷笔在
喷色的过程中会喷出雾状的点点，形成特殊的画面效果，比如可根据画面的需要喷出浓淡
相间的渐变效果，也可以喷出不同大小的点状的效果，还可以喷出均匀的平面的装饰感。

5. 勾绘剪纸

勾绘剪纸（见图 1-18）的特点就是将剪纸艺术的表现手法
与绘画形式综合运用。它可以采用不同的方法来完成，一种是
将作品进行剪刻后，借助于毛笔将画面的局部或整体用线条的
形式描绘出来，完成后再借助剪刀在画面的空白部分进行剪刻。
另一种方法是借助锡箔纸材料来完成画面外轮廓的剪刻，然后
把画面中的留白部分，再用毛笔将画面中的物体加以勾线。勾
绘剪纸的特殊之处是把剪刻与绘画相互结合。画面中很多地方
可以直接用笔勾画出细部，剪画结合可以产生一种独特的意境，
既使用了绘画技法，同时也保留了剪纸的独特性。

图 1-18　勾绘剪纸

6. 彩编剪纸

采编剪纸表现手法是采用手编和剪刻两种方法的结合。它是采用不同颜色的纸张，把
纸张裁剪成不同的形状，再把各色纸张进行编织，形成各种漂亮的几何图案以及形态各异
的人物、花卉、动物等造型。造型各异、线条流畅、构图巧妙，不仅具有修饰功能，还具
有广泛的实用价值，比如可用于席编、筐编、刺绣、儿童手工等。

7. 立体剪纸

立体剪纸（图 1-19）的颜色可以是单一的，也可以是多种颜色的组合。在制作手法

上它是一种综合性的技法的结合，比如绘画、剪制与雕刻、纸的折叠和黏合等不同的表现手法，通过综合手法的运用会产生接近于浮雕手法的艺术形式。它不仅是对当代美术创作手法的一种展现，而且表现了写实主义手法与浪漫主义情感表达的艺术魅力。让平面的二维材料变得富有立体感、真实感，在儿童美术课程中可进行造型观赏和手工制作方面的内容的选择。

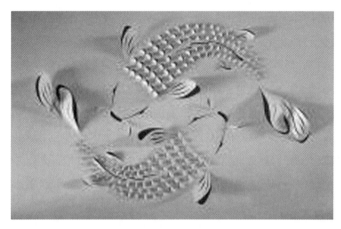

图 1-19　立体剪纸

（四）剪纸的构图方法

剪纸采用的材料是平面的二维的纸张，剪纸的表现形式是以不同的线条和块面组合而成，比如说像线线相连的阳刻以及以面为主的阴刻，也就是说，在剪纸中基本的表现符号是由点、线、面来构成的。剪纸的艺术效果基本展现的是平面效果，这主要是由剪纸的材料决定的，在剪纸的过程中不会出现物体的空间关系，比如物体的体积感、深度的空间感以及明暗关系，因此在剪纸的表现中只能采取平面的二维关系来表现物象。

于是，在剪纸者的巧妙组织与处理下，剪纸变成了不讲究空间效果、没有透视比例，没有铅笔稿的勾勒，通过主观想象进行自我安排、自我发挥的过程。在创作的过程中为表现创作者的意念，他们将处在不同时间和空间的物象巧妙地组合在一个平面中，正常的时空法则被打破，将一个崭新的世界布置在画面中，甚至是将三维的时空感塑造在平面的二维的剪纸中，通过画面的重新组织，将作者的思想融于画面之中，形成独特的艺术效果。剪纸艺术是把不同的时空，不同的物象进行合理的安排后，设计在平面的二维的纸中，采用平面的外轮廓进行裁剪。剪纸是将物体安排在二维的空间中的一种组合方式，创造者将自己的真实情感表现在艺术作品中，打破了真实世界的客观存在，从思维方式、表达理念、绘画表现等不同的角度进行主观的表达。

剪纸艺术表现的题材和内容不被固定的构图模式所约束。各种形象都是作者经过深思熟虑之后，再进行巧妙的组合，形成的是一种连贯性的画面关系。在运用的方法中还会使用对比手法，突出作品中的主体形象。通过这些手法把作品所体现的主观能动性、画面的时空感等都在平面的空间中用另一种艺术形式展现出来。在剪纸画面中，物体与物体之间、物体的近和远的空间表现是不存在遮挡关系的，之间是相互独立的，也就是前面的物体和后面的物体是能够被完整看到的。这是创作者内心质朴的思想情感的真实再现，代表的是人民大众的审美理念和艺术情操，与专业的绘画创作者相比，表现出了完全不同的艺术视角，把现实中的物体不经过任何处理，真实地再现出来，这就是剪纸艺术的表里如一的真实表现，这就是最朴实的劳动者。

剪纸艺术追求的不是作者眼中看到的固定物象的直接表现，而是经过作者深思熟虑之后，自身的感性认识与理性的思维相结合的一种变化了的画面关系。剪纸中的透视关系不是西方绘画中的立体的、空间感的审美理念，是以独特的审美观展现在画面中的，也就是"看得多又全"的观念，这在剪纸中通过构图与刻画被展现得一览无余。

在剪纸中，西方绘画的透视原理已经完全被抛弃，画面的纵深空间感和物体近大远小的比例关系也完全被置之一边，画面中物象之间的关系产生了一定的组织变化，而是运用画面中物体的主角与配角的关系，采用均衡的构图法则来调整画面关系。

剪纸在画面的构图中经常运用散点式的构图法则，即每个物体是独立的，都有自己存在的透视角度，但这些物象之间又是经过作者周密的思考，进行重新组合的。这与现实生活是不一致的，但在作品中看起来又是那么和谐。

剪纸是一种自由的、开放的、自我的艺术，它来自美丽的大自然，但却高于自然美景的内容，是作者在二维的平面的纸质材料上一种个性表达。它追求不同造型的多又全的体现，是对不同空间物象的重新塑造，是作者的内心情感的再现，是对未来生活的美好祝愿。

（五）剪纸的造型手段

艺术来源于生活，剪纸同样如此。剪纸是作者对周围事物的独特感受，是源于生活的一种感悟，是作者情感表现的一种方式。剪纸追求的是一种物象的神似，是画面效果的一种意境表达，而对物象的形状却不是刻画和表现的重点。

当然，也因为剪纸材料的约束，在表现手法上注重的是物象的外轮廓，没有运用写实的表现技法，在表现手法中采用夸张与变形等方法。

夸张手法在剪纸艺术中也有着明显的体现，在美术作品中，为了突出表现某个部位，或者突出表现某种功能，美术工作者或者手工艺匠人会放大变形甚至扭曲某个部位。这种手法也突显了艺术工作者突破固定思维，创新表现手法的艺术思维。其中仰韶的彩陶、殷商的青铜器、秦汉的石刻在造型和图案设计上都大胆地使用了变形、扭曲、放大的艺术手段。这里特别值得一提的是三星堆考古，在三星堆发现的青铜纵目面具，长刀眉、鹰钩鼻、扁平的嘴巴、圆柱状眼睛伸出很长，特别是它的圆柱状眼睛夸张的长、大，而且已经严重变形，这一切似乎都在讲述着当地特有的文化，也就是人们对眼睛的崇拜。剪纸艺术也是一种古老的民间艺术，因此经常使用夸张、变形、夸张的艺术手段；原始、朴素、简单的艺术美表现得淋漓尽致。特别是当人们解释不了某些自然现象或者对某种自然或社会现象存有敬畏之心的时候，往往会使用这种夸张、变形、放大的手段来传递其内心的思想活动。这种夸张、变形、放大有时也被统治阶级所利用，以增强其权威。这种作品摒弃简洁、直观的模仿，超越现实，表达艺术工作者对物象的主观感受和理解，根据个人的主观感受和理解，将物象特征抽象化后，通过夸张、变形、放大的手法，将自然中的原形状态具象化后创作出自己的作品。

剪纸艺术是在人们的生活过程中创造出来的，所以剪纸本身就是人们生活的一部分，比如在结婚的时候人们将剪纸广泛用于婚礼的每个过程。但对于婚礼的参与者来说，剪纸只是装饰婚礼，烘托气氛的物件，很少有人将其当作是艺术品。从某种程度上来说，剪纸艺术和劳动人民的生活息息相关，已经成为普通劳动人民生活的一部分。剪纸的内容主要体现劳动者对美好事物或者美好未来的向往和追求，也表达了劳动人民对图腾、神灵的敬畏和信仰，在表达此类内容时，为强化和普通人、事物的不同或者表达图腾、神灵的特异之处，艺术人员必须从原有的客观世界中寻找模型，然后对此模型进行放大、变形，达到与众不同的目的。

民间剪纸的夸张造型实际上也是对复杂变化的客观事物的一种简化加工，是找出事物的突出特征的过程，有的时候这个过程是漫长的甚至是复杂的，有时还是一个反复的过程。在剪纸中事物的造型应该是把事物的本身特征强化，更具有艺术特征性，这些经验的获得和处理手法的能力追究其根本还是创作者对生活经验的感受。这种感受的背后就是将事物本身突出的部分进行艺术的夸张，把其特征进行夸大或缩小；对事物的情绪进行极端的处理，如张得大大的嘴巴，紧皱眉头的表情将事物本身复杂的外表进行简化再创造。

这些都是对事物进行夸张处理的手段。夸张实际上追求的是把物体烦琐的部分进行简化，突出物体的主要特点，通过艺术手段对物象进行特殊的艺术处理，让物体的造型更具有艺术特征和表现力。在剪纸作品中，很多创作者非常注重眼睛的塑造，因为眼睛是心灵的窗户，是与外界进行交流和沟通的桥梁，所以无论是在刻画人物还是动物的时候，都将其作为刻画的重点，在剪纸作品中同样如此，对于眼睛的刻画是作品的重中之重。

当然，剪纸的艺术处理不仅是通过艺术的夸张手法进行特征的突出，同时还要做到美化事物。在剪纸的过程中除了对事物的主要特征进行强化外，还要在物象上面添加美丽的装饰图案，当然这些装饰图案一定是符合事物的原貌，不能随意地进行添加，而失去事物的本质。所以，在对进行事物的夸张处理时还要做到美化事物。比如在描绘衣服时，添上美丽的花朵、蓝蓝的天、白色的云朵加以修饰；在刻画动物时，根据动物的特点添加上弯弯的线条，不规则的几何形状，让温顺的小动物变得更加可爱，让凶猛的老虎变得更加具有威慑力，让剪纸艺术有更强的装饰性和艺术性。在剪纸艺术中创作者们常用的表现语言主要有锯齿状、月牙形，大自然中的美丽的花朵、太阳和雨滴，都可以作为基本的装饰语言。

在剪纸中运用夸张的手段是其创作过程中必不可少的重要过程。这种过程的转化来自人们对生活的理解，是人们内在精神的转化，是作者的独特的审美理念，是对未来期盼的一种诠释。剪纸的艺术家们是经过岁月的长期磨炼后的一种体会，是实践操作过程中的经验的总结，能够随心所欲地进行剪纸的创作，抓住了剪纸艺术创作的视角，能够把一些画面的构成要素进行自由的组合、重构，这是一首动听的歌曲，有合奏也有独声，也是一次翩翩起舞的现场会，将画面的主题表达得淋漓尽致。

（六）剪纸工具及用途

剪纸主要是由手工制作完成的，在创作中主要采用剪刀剪和刀剪两种方式。在剪刀剪中使用的工具是普通的剪刀，全程是用剪刀进行剪制，剪制完成后还需要对作品进行再次的修整，直到满意为止。最后在把剪好的作品粘贴在一起，形成大幅的画面。

另一种方式就是刀剪，所使用的工具主要是小刀，是对画面进行雕刻的过程。刀剪的方法是把纸张采用的方法不同折叠后，如对称折、连续折、团花剪纸等都是常用的折叠方法，折叠完成后把已经画好图案的纸张或没有进行绘制的纸张，放在由动物的脂肪、灰组合后，经过处理后的特制的、松软的、平面的材料上，作为刻板在上面进行刀刻。使用刀剪的时候，需要注意的是一定要将刀子竖握，然后沿着图案的外轮廓进行刀刻。

刀剪比剪刀剪具有数量上的优势，刀剪将纸张进行折叠后可以一次性地雕刻出很多幅剪纸作品。根据刀剪在生活中的使用功能进行归纳，主要分为四大类。

第一类是具有张贴功能的剪纸。这类的剪纸主要起着美化环境的装饰性作用，比如最常见的窗花，早期的时候，农家人几乎都在喜庆节日之时，在窗户上张贴剪纸来烘托节日的气氛。有的剪纸是作为一种点缀的作用，比如在生日、结婚的嫁妆等礼品上贴上剪纸起到美化的作用。在我国的北方，剪纸的使用率是非常高的，主要是将剪纸张贴在窗户上，起到装饰环境的作用。由于北方气候寒冷，北方人的窗户是木格状的，可以做成不同的木格形状，如四方格、菱形格等。在花格子上贴上一层白纸，每逢佳节时便把剪纸贴在窗户上，代表喜迎新春的节日气氛。窗花有一些固定的表现形式，有对角花、团花式的剪纸等，当然还有自由式的图案，这就是每家每户的爱好不同而选择不同的装饰图案，比如像花卉类、动物类等题材。

第二类是喜花，这一类的剪纸主要用在婚嫁等喜庆的节日之时，在重要的生活器具上进行粘贴，起到烘托喜庆气氛的作用。比如在结婚时的洗脸盆、茶具、梳妆台上贴上剪纸，表达吉祥祝福的含义。剪纸的表现形式有很多种，像圆形、方形等，还有一些代表龙凤呈祥、鸳鸯戏水的装饰图案。

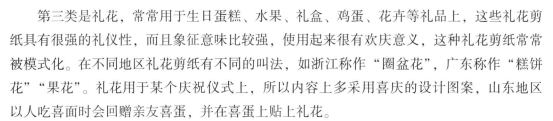

第三类是礼花，常常用于生日蛋糕、水果、礼盒、鸡蛋、花卉等礼品上，这些礼花剪纸具有很强的礼仪性，而且象征意味比较强，使用起来很有欢庆意义，这种礼花剪纸常常被模式化。在不同地区礼花剪纸有不同的叫法，如浙江称作"圈盆花"，广东称作"糕饼花""果花"。礼花用于某个庆祝仪式上，所以内容上多采用喜庆的设计图案，山东地区以人吃喜面时会回赠亲友喜蛋，并在喜蛋上贴上礼花。

第四类是鞋样纸，这种剪纸的实用性非常强，常常用于刺绣鞋面和鞋帮的底稿，按照图案内容可以分为三类：鞋头花——秀在鞋头的团花、鞋面花——秀在鞋面的月牙、鞋底花——秀在鞋垫或者鞋底的花草。

第五类为门笺，别名很多如"挂笺""喜笺"等。多用门楣、堂屋二梁上。

第六类为斗香花，是一种套色剪纸，用于民俗活动，以历史故事、花卉等具有美好象征意义的图案为题材。颜色以亮丽宏大为主，纸张采用专门的蜡光纸，其成品金碧辉煌，亮丽多彩，令人眼前一亮，赏心悦目。此类剪纸按套计数，一套斗香花可以变出很多种不同的样式，不仅效率高而且效果非常好。

第七类为剪纸旗幡，通常用于百姓民俗活动中，人们将剪纸剪成旗幡的造型。此类剪纸用于丧葬称作花幡，也有为了给病人驱邪消灾用的龙虎旗剪纸、招魂幡等。

（七）剪纸流派

剪纸流派主要是从地域上进行分类，这种分类相对科学、合理些，因为剪纸与当地的风土人情有着莫大的关系，体现着各地区的民俗文化，随着时间的推移，各地的剪纸逐渐自成体系，形成相对独立的流派。

1. 广东佛山剪纸

佛山剪纸是非常具有代表性的种类之一。它在宋朝时兴起，随后不断发展，在明清时期发展得特别快，可以说是发展的鼎盛时期，而到了明朝，佛山剪纸艺术达到了成熟阶段，甚至出现了专门的组织部门机构从事大批量的剪纸生产。佛山剪纸艺术使用的工具材料、剪纸方法种类非常多，比如说有铜为主要形式的铜衬，有以纸质材料为主的纸衬，相应的还有铜写、银写、木刻、铜凿等种类，在这些技法里面，融入了佛山地方的铜、银特产，除了基本的剪、刻技法外，由于材料的特性，因此加上了以凿为主的方法，来进行各种套色等表现形式的运用。佛山剪纸主要是以人们所喜欢的花鸟、戏曲中的人物、故事传说等为表现主题。

2. 湖北省也是重要的剪纸艺术的省份

沔阳，也就是现在的仙桃市。沔阳剪纸的花样非常有特色，而且在古代广泛流传。唐朝时期的著名诗人杜甫，曾经在他的诗《人日》中有所提及。

沔阳剪纸（见图1-20）的主要器具为刻刀、白纸和蜡盘。具体操作是使用刻刀和白纸在蜡盘上雕刻图文花样，一次可以雕刻20多张。刻刀的造型也很奇特，是用闹钟上的发条和医生用的手术刀进行再加工后形成的。其中的刻盘也是经过菜油、白蜡、香灰等不同的材料混合而成。沔阳的剪纸用途非常广泛，主要用于生活用品中的刺绣纹样，代表着吉祥幸福的意义。北方的剪纸朴实夸张、粗犷奔放、热烈大方，而沔阳雕花剪纸愈显得精细入微。

图1-20　沔阳剪纸

3. 福建剪纸颇具艺术特色，分布在福建的不同地域

在福建的山区，剪纸主要的刻画内容是以山禽走兽为主，其艺术特点具有粗犷、浑厚的风格；在福建沿海地带，主要是以海中的动物为主，艺术特点是表现精致，造型生动可爱；在福建的仙游则主要是以礼花为主，带有奢华的味道。

福建的剪纸（见图1-21）用途很宽泛，除了在新春佳节时当作窗花用等，还作为刺绣的底样用。在泉州城，把剪纸与家居的装饰进行结合，被用来当作复印漆画的底稿。福建莆田的礼花应用得十分广泛，在佳节、礼品上均以漂亮的剪纸作为点缀，就连家常食品中也会有一枚剪纸。"礼轻情意重"意思是礼物虽然是比较微小并且是很轻的，但是礼物代表的情意却十分深重。礼物虽然只是象征性的物品，但是礼物上的花儿却代表了满满的情意。

图1-21 福建漳浦剪纸　国色天香

4. 江浙派

扬州一直是经济发达的地区，也是最早开始剪纸的重要的地带，早在唐朝时期已经出现了迎福纳祥的风俗习惯。剪纸的表现形式非常丰富，比如美丽的花朵、春天的小蝴蝶、小鸟等都可以用来刻画，作品用于小姑娘的打扮，也可以用于情人之间爱的表达。曾经有一个美丽的故事，在清朝嘉庆年间，有位著名的剪纸艺人包钧，他所剪制的无论是花卉、动物还是人物的形象都像活的一样，做到了形神兼备，于是被赐予"神剪手"的名号。扬州剪纸的发展十分迅速，主要是我国政府从不同的方面给予了支持和帮助。从1955年成立的民间公益社，到剪纸大师张永寿被授予"中国工艺美术大师"的荣誉都是很好的例子。张永寿大师的剪纸比较有代表性的是《百花齐放》《百菊图》《百蝶恋花图》（见图1-22）等艺术作品，被党和政府给予了很高的评价。

图1-22 扬州剪纸
百蝶恋花图（其中一页）

扬州剪纸的主题内容有很多，像人物、动物、花卉、风等，在这些内容中以花卉为主的题材比较多，这也是人们生活中必不可少的一种题材。在《武林梵志》中记载着这样一个生活场景：在五代时期，吴越国的钱王在外巡游之时，看到城外的子民，家家都用剪纸作品进行装饰，而不是昂贵的丝锦。这说明吴越时期的剪纸在百姓的生活中是非常普遍的。

浙江剪纸的区域分布十分广泛，不仅剪纸的风格不一，而且用途也非常广。在金华市主要是以窗花和灯花的制作为主，在龙盘灯上以精细的线条进行剪制；在平阳市则是"圈盆花"，用于赠送礼品的点缀。在剪纸中，以戏曲人物为主的窗花是浙江独具一格的艺术特色，把戏剧中主要的戏剧人物加以刻画，表现人物的柔美与英勇的身姿。它是在剪制出的大轮廓中用细细的线条表现线与面的不同组合，把人物的形象刻画得栩栩如生。

5. 河北蔚县剪纸在中国众多剪纸中占有一席之地，起源于明代

蔚县剪纸（见图1-23）最大的特点不是用剪刀剪，而是以刀刻为主。它的制作过程是在宣纸上用刀子进行雕刻，然后用颜色进行点染。蔚县剪纸的整个过程主要分为六步，一画二订三浸四刻五染六包。也就是阳刻的线条是用刀雕刻完成，阴刻是以染色为主，根据物体的形象特点，加以染色的方法。21世纪初，蔚县的剪纸被政府批准成为第一批国家级非物质文化遗产，同时蔚县的周兆明被列为非遗传承人。

图1-23 蔚县剪纸

6. 山西剪纸术的艺术风格也是独领风骚，源自当地的风俗习惯

山西剪纸（见图1-24）主要是以窗花的形式服务于大众的，这也就满足了剪纸的基本功能之一的实用性功能。由于陕西一带的农户的生活环境的原因，房屋的窗户采用格式状，有不同的形状，比如方形、圆形、菱形等，窗花也是根据窗户的造型进行选择，有单色的剪纸、团花剪纸等形式。在山西忻州附近地区，一些重要的喜庆节日都要用剪纸窗花来装饰家居环境，烘托快乐、幸福的气氛。

图1-24　山西剪纸

山西剪纸具有粗犷、简练和质朴的艺术特点，当然也会存在地域上的差别。在晋南一带的剪纸主要是单色剪纸，而雁北一带的剪纸是以染色剪纸为主，具有精致典雅、奢华的艺术特点，以"广灵剪纸"具有突出特色。

7. 陕西剪纸

陕西剪纸具有古老的、浓郁的艺术特点，被赋予了活化石的经典寓意，这主要是源于传统文化思想阴阳学说和对生命延续的崇拜观所导致的。比如像古老的狮身人面像、牛耕图等纹样。

陕西因其特殊的地理位置决定了当地的剪纸艺术特点。陕北的剪纸艺术具有浑厚、粗犷的线条；定边一带的剪纸精致细腻，以直线为主；宜川一带的剪纸具有粗放的线条，以弯曲的线条作为主要的形式；在关中，剪纸的线条像针尖一样；朝邑的剪纸内容主要是以戏曲中的人物为主；三原的剪纸主要是以花卉为主要表达内容，造型简单但色彩瑰丽，善于运用强烈的对比色调；富平的剪纸注重明和暗的亮度对比。通过以上不同地域的剪纸风格来看，陕西剪纸艺术的特点可归纳为：其造型局域古朴的风格，线条比较粗犷流畅，表现的题材种类繁多，古老的原始思想融入了当代艺术之中，具有浓厚的乡土气息。

8. 山东剪纸的艺术风格可以根据剪纸的造型来划分

山东地处山东半岛，沿海地区的剪纸为主要的艺术特色。一类是地处渤海湾地带的剪纸，艺术风格的形成与地域性的特点相辅相成，形成了粗犷奔放的艺术特色。还有一类是胶东沿海一带地区的剪纸，剪纸作品精致高雅，采用线面相结合的方式，与山东出土的汉代时期的画像石大同小异，质朴之中带有特有的艺术感。

图1-25　山东剪纸

"伎俩人"是指山东胶东心灵手巧的女子，"伎俩人"不管在哪里，人们都对其连连称赞。"伎俩人"根据胶东的窗户特点，把较大的构图分割成不同的条形部分，采取化整为零的方式进行制作，最后再将零散的部分贴到窗户上，组合成一个完整的窗花形象（见图1-25）。

（八）剪纸装裱形式

俗话说，三分画七分裱。绘画作品的装裱对作品起到了很重要的视觉冲击效果，增加了艺术作品的艺术效果。一般来说，做完画之后，都会把剪纸作品装裱，之后才会进行展示，或悬挂于屋内，或进行艺术作品的展览。

剪纸在进行装裱之前需要提前安排好一些事情：注意花边色彩的搭配；需要准备相应的底板，地板色最好是选择与作品相同的材料；对纸张的选择是有要求的，纸张光滑、没有颜色的，保持纸板的干净度和平整度。

下面几种剪纸装裱的方法。

1. 镜框装裱

采用镜框式的装裱材料可以从市场购买。这种方法的装裱需要注意的是，首先要把作品的四个边涂抹上乳胶后，粘贴在托纸上，这样做的目的是防止悬挂后会四处乱滑，起到固定的作用。其次是注意色彩的搭配，深色剪纸要采用浅色的衬纸，作品是浅色调，衬色就要是深色的。

2. 纸版装裱

纸板材料在我们的生活中非常便宜，这是一种经济实惠的装裱方法。在纸质装裱中，可以采用两种方法来完成。一种是平面式装裱，这种装裱方法是用透明胶带把作品四周固定在提前准备好的纸板上。另一种是立体装裱，这种装裱需要两个纸板，一块是作为底板用的，另一块是半透明的纸板，把作品放在底板上固定好，处于两个板之间，立体剪纸的装裱就完成了。立体装裱的效果是突出其立体感，产生一种空间深远的效果。

3. 卷轴装裱

卷轴装裱是我国绘画特有的装裱方法，剪纸作品沿用了中国传统的装裱风格。这种方法的优点是携带方便，具有中国画的端庄之美。在装裱好的剪纸作品中加入书法题字以及中国画中的印章，俨然变成了一幅中国绘画。当然这种装裱形式比镜框装裱要贵一些，而且对装裱的技术要求要高很多，但这恰恰体现了作品的价值所在。

4. 压胶装裱

这种方法是随着科技的发展而发展起来的，它是利用透明的树脂材料经过加工后完成的。其方法是把剪纸平整地摆放在玻璃上，在配好的胶水中加入一定量的凝固剂，将其倒在剪纸上，然后将木架拉平的玻璃纸放在胶上，用特制的橡胶滚筒将其按压平整，这一步是非常关键的，它影响着整个画面的效果。随后把作品放在近400℃以上的灯光下进行烤干，作品也就完成了。这种方法对制作要求很高，具有技术性的专业人员才能完成，因为在烤制的时候也是很讲究的，温度过高或过低都不利于剪纸装裱的完成，如果出现温度过高，就会把胶烤煳；如果温度过低，就不能形成平整光滑的平面，对技艺要求很高。当然，这种方法有它独特的优点，那就是具有永久保存的效果，而且艺术效果非常美观。

剪纸艺术是普通的劳动人民把在生活中的物象加以整合后，组成需要的画面关系，这是作者内心情感的转化，是艺术经验的总结，是作者智慧的艺术结晶。

在画面中，构图的安排是自由的，是主观的，是单个或是多个物体的合理的构成，是和谐的，是具有思想的组合。画面的造型是作者独特的创作思维的表现，是对生活的期盼，是对未来的憧憬，是用物的寓意，而不是现实生活中的自然物象的直接写实。在剪纸的表现手法中经常运用的是夸张的手法，以此来表现不同的艺术形象，或寓意吉祥或表示纳福的美好祝愿。

剪纸艺术来自民间，具有实用功能和观赏性，是作者思想情感的寄托，是对未来生活的美好期盼，这就是剪纸艺术长盛不衰的主要原因。在早期的社会生活中，受生活闭塞、经济落后以及天灾人祸的影响，人们对未来的生活充满了期望，于是便运用手中的廉价的纸张来表达对吉祥、幸福生活的追求。早期中国社会落后，百姓的健康得不到保证，希望能够摆脱疾病和死亡带来的痛苦，也体现了对于生命、健康的渴望和诉求。在剪纸作品《鹿鹤同春》中，可以这样去理解作品的内涵，鹿和禄的谐音相同，鹿是侯兽的总称，鹤代表的是"候鸟"，是长寿的大鸟，蕴含着长寿的寓意。鹿与鹤代表着人们对福禄和生命长久的期盼，这是对生命的一种敬仰。

对生命的敬仰是剪纸艺术创作的源泉和动力。作者的思想情感在作品中被赋予了理想化的象征，是人们内心的执着，是不变的信念，是对未来的不断追求。剪纸是作者在具体实践中的一种手段，是通过自己的辛苦和坚持换来的收获和希望，是为了满足自身的生存和生命延续的追求。在剪纸作品中我们会看到百姓生活的方方面面，可以说是农村世界的微缩，有很多体现生活和生产方面的题材，比如用鲤鱼、玉米、白菜等形象来折射出对美好生活的追求，希望来年能过上幸福安康的日子，这是多么朴素的想法，多么真切的感情！剪纸是心灵的慰藉，是对现实世界的美好追求！让人们持之以恒地进行下去是历史发展的必然趋势！

作者通过剪纸的形式来表达个人思想的转化，虽然只是作为一种手段和方式，但并不仅仅是一种表面的陈述，不能只看到事物的表面，事物的本质才是我们真正需要去理解的。而本质是通过现象表现出来的，作品的现象就是其表现语言和方式，而剪纸的内在本质就是作者的思想，是作者的真情实感，是对生活真谛的诠释，是对安康幸福生活的不断追求。无论任何形式的剪纸艺术作品，是粗犷的还是高雅的，是质朴的还是奢华的，都离不开古老的思维模式和审美理念；无论是画面中的造型语言的程式化的表达，还是意向构成，都体现了中国本原思想中的哲学观、价值观、世界观，任何艺术都与之无法媲美！

二、泥塑

泥塑是我国重要的民间艺术形式，它来自我国百姓的生产和生活，是最原始、最朴素的艺术形式。泥塑的制作材料非常普通，是来自大自然中的天然的成分——泥土。泥塑的制作方法非常简单，它在天然泥土里加入适量的棉花纤维，然后将棉花连续地捣入泥土里，捣匀之后便可以使用了。做好的泥土经过作者的艺术加工形成各种各样的泥坯，这样，基本形状就做好了。然后将泥坯经过阴干之后，在外面涂上需要的颜色，一个泥塑就制作完成了。泥塑的原材料是天然的泥土，塑造的全部过程是用我们劳动者的双手来完成的，做好的泥塑有的涂上了各种漂亮的颜色，有的没有上色，所以泥塑又称为彩塑、泥玩。泥塑的造型很多，主要是以人物和动物的塑造为主。

（一）泥塑的历史

泥塑的发展可以追溯到新石器时代，并在以后的岁月中不断变化着，甚至到了汉朝已经成为百姓生活中重要的艺术门类之一。从出土的汉朝时期的文物中可以看出其在生活中普遍性的应用，比如说陶俑、陶兽等（见图1-26），从汉朝的随葬品中可以了解到古人的思维方式和创作风格，放置泥塑的目的是为了寄托对亡者的悼念之情，让他们的灵魂能够在天上生活得无忧无虑，于

图1-26　汉代　红陶猪

是希望通过这些随葬品能满足生活上的需求，所以在丧葬中附有大量的随葬品。泥塑在这方面的应用，在客观上也推动了其自身的进展和演变。

两汉之后，泥塑得到进一步的发展。其中主要的一个原因是道教和佛教在中原大地上的兴起，为了满足百姓的需要，民间的寺庙和道观开始建立，这在很大程度上促进了泥塑数量的增多。另一个原因是百姓对道教与佛教中的众神的祭祀活动不断兴起，对各种神话传说中的神仙及魔鬼蛇神的造型的需求不断增加，这也促进了泥塑艺术在不同主题内容上的表达。

唐朝的泥塑的发展可以说达到了鼎盛的时期。当时著名的雕塑大师杨慧之，被誉为雕塑圣手。关于杨慧之还有一个美丽的故事，传说当时他与著名的画圣吴道子同时拜于张僧繇的门下学习绘画，吴道子因勤学苦练、聪慧机智而早早地闻名于画坛。杨慧之虽然不懈努力，但仍然没有得到众人的肯定。于是杨慧之决定从时兴的雕塑入手，开始勤加苦练，终于功夫不负有心人，他成功获得了雕塑圣手的称号，成为后人瞻仰的世代名家，这是多么难能可贵的学习精神啊，值得我们每一个人深思！在当时还有精辟地阐述吴道子和杨慧之的艺术特色的美言："道子画，惠之塑，夺得僧繇神笔路"。

宋朝的泥塑在进一步地持续发展着，由于佛教艺术中大型神仙泥塑的雕刻已经基本完成，创作者开始根据百姓的需求进行小型泥塑的制作。而且还出现了由专门的手工作坊进行泥塑的生产和销售。在每年的乞巧节，专门出售一种叫"磨喝乐"的特殊的泥塑产品，百姓们在当天买回家后庆祝乞巧节，达官贵族也会在购买后进行欣赏和供奉，可见，当时

的泥塑已经非常普及。

随着岁月的流逝，泥塑艺术继续向后人传播着其优秀的工艺技术，泥塑在一代又一代人的生活中以顽强的生命力延续着、发展着。在百姓间流传久远的泥塑仍是以小型泥塑为主，这正是由于它与人们的生活和生产接触最为密切的原因。泥塑在人们的生活中不仅可以用来观赏，陶冶情操，还能够在孩子们的童年时期留下美好的记忆。泥塑的生产与销售已经在祖国大地的各个角落生根发芽，其中比较有代表性的是江苏无锡的惠山、天津的"泥人张"、陕西的凤翔、山东的高密等很多地方。

陕西凤翔的彩塑已经有了非常悠久的历史了，最早可以追溯到西周，是我国最早的民间艺术种类之一。

凤翔彩绘泥塑具有非常明显的艺术特点，它塑造的装饰花纹是以花鸟类、人物类和代表吉祥寓意的动物为主要的题材，其塑造的造型生灵活现，是地域特色的典型代表（见图-28）。造型在捏制的过程中主要是以空心的形式进行塑造，也有其他的表现形式，比如浮雕式。凤翔泥塑的制作方法非常简单，方法是先和泥，需要把黏土和纸浆倒均匀后做成基本的原材料之一的泥，再根据塑造的形象形成模子，随后做成胎坯，经阴干后造型完成。还有非常重

图1-27　凤翔泥塑　大座虎

要的一步就是涂色，先在塑造好的形体上涂抹上一层白色底料，起到一种像油画打底一样的效果。然后作者根据对物象的理解涂抹上艳丽的色彩。最后就是对作品进行上光，这样能够长时间地保持颜色的鲜亮。

凤翔泥塑的色彩特点是运用红、黄、绿三种颜色，颜色鲜亮，色彩对比度很高。在造型完成之后，还会用墨线将形体进行勾勒，带来一种强烈的对比效果。凤翔彩塑的主题和内容的选择非常广泛，在动物的题材中主要是以黑牛、卧虎、坐狮等形象为主，塑造的形象活灵活现，栩栩如生。

凤翔泥塑作为陕西省重要的地方特色，对其进行保护和开发。在国内的旅游行业中独树一帜，只要来陕西旅游，他们一定会带回家用以纪念，甚至是国外的友人也给予了其极高的评价。

（二）泥塑制作工艺

泥土是泥塑的基本材料，在制作之前要提前做好充分的工作，那就是需要在普通的泥土中加入特殊的材料，像棉花、纸浆和蜂蜜，然后把这些掺在一起捣匀。

泥塑的制作方法比较通俗易懂，简单易学。第一个步骤是对刻画的物体进行造型的塑造。把提前加工好的泥采用雕刻、手捏等方法，塑造出一个不错的造型。造型塑造好后，再经过修改、磨光、晾干等程序后，做出原型，有一部分地区擅长用火烧制，目的是增强

泥土的硬度，便于长久保存。第二个制作步骤是翻模，过程就是制作模子，这就需要把泥压在已经制作好的原型上，形成不同表现形式的模子，比如像单片的、两片的模子等。第三个制作步骤是脱胎，就是用制作好的模子来复制坯胎。方法是把加工好的泥做成片状，放进模子里面，把两片模子合拢压紧，接着安上一个底座，形成一个中空的模子。最后在底座上压出一个洞孔，目的是保证模子内的压力不会过大，防止破损。这个步骤是制作过程中非常重要的一步，要求制作的人要技艺精湛。第四个制作步骤是上色，一般是先在胎体上涂上白色作为底色，除了让坯体保持纯净之外，还有一个更重要的目的就是让颜色能够被充分吸收。

在颜料的配置上主要运用品色，以水胶调之，便于加强颜色的附着力，增强艺术感染力。但是日久天长难免导致古代泥塑破损，主要原因是人为因素的损坏和自然因素的损坏。可以从以下几点进行总结归纳。

首先说说自然因素，自然因素的影响主要涉及日照、温度、湿度、雨淋、风沙、大气污染物以及泥土本身等因素的影响。

大型泥塑一般是在漏天的室外，它受自然因素的影响就比较明显。长期的风吹日晒雨淋会出现形体内部的空膛，颜色会掉落、龟裂，甚至出现褪色。在潮湿的环境下还会出现霉菌的滋生，破坏泥塑的质量，这是保护泥塑非常关键的一个点。所以一定要保持环境的干燥和通风。

从人为因素来讲，日照也是非常关键的因素，高强度的照射会破坏泥塑的色彩构成，所以可以放在暗处进行保存，当然一定要做到除湿。可以采用人工照明，这样比较好控制光线的强度。小型的泥塑主要存放于室内观赏、玩耍，受到湿度和温度的影响大。只要控制好温度和湿度基本就可以保护好。还有就是注意灰尘、烟雾等气体的危害。

还有一个需要注意的是泥土是制作的基本材料，它本身含有的自然成分，像土壤中水溶性的盐类也会影响泥塑本身的变化。

（三）泥塑的流派

泥塑在百姓的生产和生活中的广泛应用，是泥塑不断得以发展的重要前提。尤其是唐宋时期佛教与道教的兴起，泥塑达到了鼎盛的阶段，还出现了比较有特点的泥塑造型，像莫高窟中的菩萨形象以及山西太原的宫女，其造型特点是五官精致，刻画细腻，颜色对比鲜亮，具有浓郁的地方性色彩。

到了清代，泥塑形成两支分流，一支是以北方为特色的天津"泥人张"，首创者是张明山先生，现在的主要代表人物是张长林先生，他的作品是在子承父业的基础上不断发展变化而来的，其艺术特点是强调作品的写实特征，体现在造型的塑造上、人物动作与表情的刻画上、色彩的表达上，都突出了对事物的真实再现。另一支是惠山的泥塑，又分为两个小的分支，一支是以"泥要货"为造型特点，主要是提供给孩子们进行玩耍，代表形象是以人物刻画为主的"大阿福"，其造型特点简单、生动、可爱，色彩亮丽，体现了当地的生活气息。还有一个分支作品是以"手捏戏文"为主要的造型特点，表达的人物主要是戏曲中的人物造型，其造型特点是人物表情的刻画，有的神采飞扬，有的小鸟依人，各具特色，表现形式精炼，色彩朴实、浓厚，带有明显的江南特色。陕西凤翔、河北白沟河、苏州虎丘等地也是泥塑产区的重要区域。

天津的泥人张的发展可以追溯到清朝时期的道光年间，距今已有将近200年的光景。其突出的特点是追求物象的写实性，无论是人物的表情、动作，还是基本结构都是建立在客观再现的基础上的（见图1-28）。其色彩的表现具有精致、艳丽的特点。主要的功能是放在室内进行观赏，达到雅俗共赏的境界。造型的体积不大，一般在40厘米左右。泥土是制作的基本材料之一，制作者对泥土的要求特别高，必须是以无沙、无杂质的、纯净的泥土为原材料，加入适量的胶等辅助材料，再经过一系列的风化、打浆、过滤、脱水等步骤，最后加棉絮进行不断的锤砸加工成"熟泥"。经过手工艺者的手工捏制成型后，进行自然阴干，再施以彩绘而完成。

图1-28 天津"泥人张"

无锡惠山的彩塑距今有400多年的历史了。惠山泥人（见图1-29）是在人民群众中发展起来的，是经过数代人的不懈的努力的结果，是惠山人民智慧的结晶，在全世界的艺术中大放异彩。

惠山泥人的兴起还有一个故事。很久以前，惠山当地的老百姓家家户户都会制作泥塑。在逢年过节之时，百姓们便将塑造好的泥人拿到集市上进行叫卖，用此来维持家用。到了清朝时期，已经发展

图1-29 无锡彩塑 惠山泥人

了很多不同姓氏的作坊了。比较有名的泥塑大师王春林把做好的泥塑赠予乾隆皇帝，并因此得到嘉奖。到了光绪年间，泥塑经过数代人的努力，创造了以戏剧为主题的内容，主要表现戏剧中的人物。在这个时期，惠山泥人的发展达到了鼎盛时期。不仅出现了专门的手工作坊，还出现，专门从事泥塑的师傅。慈禧过六十大寿的时候，收到了以戏文中的人物为元素，捏制的泥人《蟠桃会》的寿礼，从此之后，它便成为每年的贡品。

惠山泥人的种类主要分为两支，一支是粗货，是供孩子们进行玩耍用的。内容是以表现祈福纳祥为主，造型使用夸张的艺术手法，以胖为美，线条粗放、流畅有变化，色彩鲜亮艳丽，对比明显。制作方法是运用模具来制作泥坯，采用翻制的形式，可以进行大批量生产，所以做工稍粗一些。

细货为手捏制成，相比较粗货而言，制作精细。细货的制作方法是以手捏为主，故称

为手捏戏文。内容大多是戏曲人物的题材，形象也以佛像和反映现实生活为主，或是有祈福避邪之意的春牛、老虎、大阿福、寿星等。其艺术作品的制作是按照一定的顺序来完成的，首先是从脚部开始塑造，然后依次类推身体、头部，由下到上捏制完成。在泥坯的捏制中，是先把内部的结构架好，然后由里到外分段式地进行。在人物色彩的运用上，运用精致细腻的笔法，按照捏制的顺序进行彩绘，人物的表情刻画得非常细微，一颦一笑、含情脉脉的表情刻画得如真人一般，甚至是衣服的褶皱也表现得淋漓尽致。在手捏戏文中，不仅是把戏剧中的人物再现到泥塑的造型中，而且还把人物的表情刻画得栩栩如生，给人以身临其境的感觉，把人物的左顾右盼、手舞足蹈等动作，表现得生动且韵味十足。

惠山泥人造型中人物的头部比例采用了夸张的手法，特别注重人物表情的刻画，表现得非常精致细腻。在色彩的搭配上讲究对比强烈，有主有次，常用红色、黄色、蓝色三原色进行装饰，非常鲜艳明亮。

在色彩的运用中，惠山泥人以自己特有的技巧展现其艺术魅力。主要包括以下内容：第一是新，主要是说颜色的使用要纯净，保持色彩的亮度和纯度，不能出现脏、灰、乱的色彩关系，始终保持色彩鲜亮，当欣赏者看到作品后能够被其深深地吸引，会驻足观看，赞叹不已。第二个是清，是在绘画的过程中要保持画面的卫生、整洁，不能出现脏的颜色；用笔的干净，把每支笔清洗干净后方可使用。第三个是齐，主要是从运笔的技法上来谈的，画直线的时候要铿锵有力，笔直而用，画曲线要灵活多变，在有分界线的地方要把重要的结构转折表达清楚。在起笔和收笔的时候要做到干脆利落，粗细均匀，错落有致。在装饰纹样手法的处理上要做到疏密结合，变化丰富。第四个是爆，指的是色彩的运用对比强烈。惠山泥人的体积不大，再加上内部结构的变化不明显，可以采取强烈的色彩对比关系，比如泥人的底色可以用浅颜色的，而装饰纹样用深颜色的，反之亦可。

装饰纹样与底色的色彩关系是决定整个色彩关系的画龙点睛之处。惠山泥人是这样处理的：从整体与局部关系的搭配上要做到色彩的和谐，还要有局部的精致的刻画。装饰纹样要做到色彩丰富而不乱，要具有耐人品味的意境之美。手捏戏文中的装饰纹样不是照搬戏剧中的人物的服饰，而是在不改变人物角色的情况下，保持色彩的基本色调，装饰纹样可以自由表现。在泥塑大师王锡康的作品《说书女》中，把一位民国初期的女子的表情、动作、服装甚至是周围的环境刻画得淋漓尽致，表现出南方特色的清雅别致的意境之美。

天津泥人张和无锡惠山泥人是泥塑艺术的重要代表，其实在南京本地也有泥塑，而且现在已经是省级非物质文化遗产项目。依据南京出土的汉、晋、南朝等不同时代的陶俑文物来分析，泥塑早在千年以前就在南京地区出现了。民国时期，从北方逃荒至南京的外地手艺人，只能栖息在朝天宫的冶山道院中，为了生存下去，他们便用冶山的泥制作泥塑，变卖后维持生计。

20世纪60年代初，新华日报美编组的工作人员通过对无锡泥人的学习，运用夸张的构图和独特的造型方式，发明出了"南京彩塑"，也就是"南京泥人"，这些泥人在北京展览后受到了一致好评。从此，南京泥人一炮打响，南京的工艺雕刻厂出现了专门的泥人生产车间，南京泥人的工艺美术项目得以推广。到了 20 世纪 80 年代，南京泥人已相当火爆，远销世界各地。

南京泥人又叫作"南京小彩塑"，与天津泥人张、无锡惠山泥人有明显的不同，"小彩塑"突出了南京泥人的特点：小巧、简洁、朴实、明亮。南京泥人强调的是夸张与变形，幽默、生动、诙谐。专业人士对南京泥人有"小如豆，大盈寸"的高度评价，造型虽然"小"，限制了艺术语言的表现，但在一定程度上又提升了造型的艺术语言。在题材上主要表现南京人的日常生活起居；在色彩的运用上，追求强烈对比的装饰效果。

南京泥塑追求的是一种意境之美，不是对物象的真实的再现，而是突出泥塑的"小中见大"的艺术特色。南京泥塑主要分为两大流派，分别是大师朱敬伟为代表的"七分塑三分彩"（见图 1-30）和以黄建强为代表的"三分塑七分彩"（图 1-31），他们在南京泥塑的发展上做出了重要贡献。

图 1-30　"七分塑三分彩"

图 1-31　"三分塑七分彩"

陕西凤翔泥塑在中国民间美术中占有重要的地位，位置坐落在城关镇刘营村一带。在当地出土的春秋和汉唐时期的文物中，发现了随葬的泥塑陶俑，其历史悠久，艺术特色鲜明。提及凤翔泥塑的发展，还有一个故事，据说在明朝时期的战争结束后，士兵退伍还农，许多会泥塑的士兵重操旧业，用具有天然黏性的泥土作为重要的材料，通过手捏泥塑来维持生计。当地人很是喜欢，纷纷购买供孩子玩耍、装饰居家环境。从此之后，六营村的彩绘名气越来越大，不仅在中国独树一帜，还远销海外。

凤翔泥塑的种类主要有三大门类，一类是以十二生肖的造型为主的动物玩具；一类是脸谱、动物头、人物头部为主的挂片造型；一类是以民间传说故事中的人物为主的"立人"。泥塑的体积大小不一，有威猛的老虎，也有可爱的小老鼠。使用的材料是以泥土为主，再加上大白粉、皮胶等材料，采用模具进行制作，这样可以大量地生产、出售。泥塑的造型采用夸张与变形相结合的手法，色彩鲜亮，表情稚拙可爱懵懂，是泥塑种类中的佳品。但是随着现代工业化的影响，到 20 世纪 60 年代前后，从事泥塑的师傅越来越少，现在只有胡氏一族在进行生产。为了适应市场的发展，艺人们将凤翔泥塑进行了改良，原有的乡土气息已经消失殆尽，衍生出新的表现形式和艺术风格。

山东高密的泥塑以其独特的艺术风格在中国的大地上生根发芽（见图1-32）。高密的泥塑就像山东人朴实无华的性格一样，具有浓郁的地方风格，它是质朴的，像山东人的勤劳的品质一样高尚；它是高雅的，像山东人的智慧一样晶莹；它是亮丽的，像山东人的胸怀一样开放；它是由豪放的，像山东人的性格一样爽朗。它不仅是属于山东人的艺术，博得百姓的

图1-32 高密 泥叫虎

喜爱，它也是全世界的艺术，是全球人类的精神财富。高密泥塑的手工艺人不仅对传统的泥塑技术进行了传播，还用自己的聪明才智发明了新的表现形式，在"扑灰年画"色彩的基础上创造了属于自己的精神物化的产物。

山东高密的泥塑到今天已经有400多年的悠久历史。追溯到明朝年间，人们是把当地生产的一种烟火"锅子火"进行了改良，把下面装有烟火的泥坯重新进行了设计，形成了不同造型的娃娃形体。放完烟火后的娃娃造型并没有被丢弃，而是因为其精美的造型和艳丽的色彩而被当作玩具或者装饰物用来欣赏。

随着时间的推移，山东高密的泥塑种类也有了变化。在清朝时期，高密的泥塑艺术工作者们寻求着新的艺术表现形式，他们见了杨家铺年画的创作风格，在物体的造型和颜色上进行了大胆的变革。在原先的单一的泥塑基础上增加了声音的效果，比如发出悦耳的鸟鸣声、蟋蟀的声音，而且还融入局部的动作，比如会飞的翅膀、会走路的动物等。这样的变化在单一的欣赏功能上又增加了不同的表现形式，让高密的泥塑艺术走向了新的征程。

河南浚县泥塑的代表性产品是一种叫"泥咕咕"的玩具。这种泥塑的特点跟山东的高密的泥塑有着异曲同工之妙，都可以发出好听的声音来。在《资治通鉴》中还记载着这样一个故事，在一场隋末的农民战争中，首领李密的手下，有一个叫杨圯的将领在浚县聚集战马，与隋军进行决战。当时的将士死伤无数，于是会捏泥塑的士兵就捏制了很多的泥人和战马，来纪念这些牺牲的战友。后来，有些士兵就留在了这里，泥塑就流传了下来。

现在"泥咕咕"的造型较小，最大的也不会超过20厘米左右，小的能达到4厘米左右，在其尾部有个小洞，进行吹奏时便会发出咕咕的响亮的声音，"泥咕咕"的称呼由此而来。

浚县泥咕咕的种类主要分为三大类：人物、动物和飞禽，但要是细分的话就非常多了，可达一百多种。浚县泥咕咕的制作方法是用黄泥手捏造型，阴干后再把各种颜色绘制在上面。在颜色的搭配上，用黑色作为底色，再用三原色等亮度较高的纯色绘制出装饰纹样，形成强烈的对比效果（见图1-33）。等颜色干透后，再刷上一层清漆，最后进行烧制。

浚县泥咕咕具有浓厚的乡土味道和民间气息，它来自百姓，服务于百姓。其创作内容和题材非常多，造型采用夸张和变形的手法，塑造的形象活灵活现，刻画的生肖动物或虎虎生威，或桀骜不驯，或可爱至极，或胆小如鼠，深得人民大众的喜爱。

图1-33　浚县泥咕咕

随着生活节奏的加快，年轻人中很少有人愿意学习传统的手工艺术，传统民间艺术面临后继无人的局面，极需我们的抢救和保护。

潮汕泥塑俗称"土安仔"，也是一种捏泥造型艺术，距今已有700多年的历史了。潮汕泥塑是中国三大泥塑之一。其余两个是天津"泥人张"和无锡惠山泥人。潮汕泥塑的兴起也有一个故事，据说在南宋期间，曾学过惠山泥塑的吴静山南迁至大吴后，用泥塑来维持生计，从此以后代代相传，到了光绪年间，进入了鼎盛时期。后来涌现出很多优秀的大吴艺人，现代主要以吴潘强为代表的传承人。大吴泥塑具有独特的艺术表现形式，人物的造型刻画得神采奕奕，栩栩如生，种类丰富，色彩艳丽明亮、清新高雅，艺术的造诣达到了一定的高度。

敦煌莫高窟的壁画是石窟艺术的重要组成部分，代表着莫高窟最有特色的艺术成就。莫高窟不仅包括壁画，还有建筑和雕塑部分，它们是莫高窟艺术的主要成就。莫高窟的雕塑只有四大佛像是用石头制作的，其余的都是木制骨架的彩塑，这是由莫高窟本身的质地决定的。佛像的高度不一，最高的可以达到34.5米，最小的仅仅2厘米，表现的题材和内容非常丰富，称之为佛教彩塑博物馆（见图1-34）。

图1-34　敦煌莫高窟泥塑

莫高窟的规模十分庞大，据统计，洞窟的数量有735个，壁画的面积有4.5万平方米，彩塑有2415尊，是世界上规模最大，内容最丰富的佛教艺术圣地。

泥塑佛像的艺术表现风格是以孝文帝的太和改制为分界线的。改制前的泥塑是以佛像为主要特征，改制后的具有"秀骨清像"的特点。

雕塑在整个石窟艺术中具有主导性，其中壁画中的人物也以塑像为主要的形式。在魏晋时期的佛像是以一佛二菩萨组合而成的。石窟中位置最显眼的是最主要的神像泥塑，其次按照不同的位置来分配角色的安置。体型较大的佛像采用圆雕的方法完成，用正面的形象摆在最重要的位置，两边是菩萨，体型较小的佛像安排在四壁。菩萨的角度是半侧的，胡人则是以侧面的角度出现。

到了北朝后期，雕塑的组合出现了变化，有一佛、二弟子、二菩萨的五神群像，还有一铺七神、一铺九神的群像组合。

敦煌彩塑的制作步骤有泥塑和彩绘两个主要程序。泥塑的材质主要是以木制骨架为主，然后进行从粗塑到细塑的过程。待泥塑干透后再进行上色。影塑也是主要的风格之一，方法是先用模具塑造形体，完成后贴在钱币上，呈现出浮雕的艺术效果，使得莫高窟的艺术又增添了几分魅力。佛像的造型具有明显的程式化效果，虽然统一但缺少精雕细琢。在技法上是对石雕艺术的延续，但缺少了泥塑本身的特性。由于受到中原审美观的影响，人物的比例逐渐拉长，西魏时期人体比例的变化极其夸张。

在孝文帝改制前的佛像造型（图1-35），脸部呈长方形，鼻子挺拔，额头平整，脖子细长，肩宽胸平，服饰呈右袒式，也有通肩式的。菩萨的造型，头发梳成高高的髻，上半身裸露，神情尊重。在孝文帝改制后，人物的造型、服饰受中原的影响极其明显。当时的达官贵族身份特殊，高官厚禄，思想清淡，修养较高，过着无忧无虑和放荡不羁的生活，素以清

图1-35 孝文帝改制前的佛像造型

瘦为审美，这奠定了"秀骨清像"的审美意识。受此影响，塑像形体扁平，脖颈修长，脸消瘦，整体造型虽瘦而不失骨法，增强了造型结构的表达力。服饰部分深受中原审美的影响，与中原汉式衣冠交融，佛像服饰内外相搭，身穿长裙，披肩裟巾，充分表现了南方人的"秀骨清新"的形象特点。

北周时期的雕塑由于南北文化不断交流，形成了新的表达方式，佛像的头略大，呈方形，身材魁梧，形成"面短而艳"的艺术特点，这可以说是莫高窟艺术风格的一次创新。虽然魏晋南北朝是战争频发的时期，但由于敦煌所处的位置特殊，从而变化不大。社会政治经济的变动对文化造成一定的冲击，大文化背景影响了石窟艺术，这一时期的艺术呈现丰富各异的艺术风格。

泥塑艺术作为中国民间艺术之一，民间艺人利用大自然中的材料，制作出精致的手工艺品，在广大人民群众中得到普及。天津的"泥人张"、无锡的惠山泥人、潮汕泥塑被称为中国三大泥塑。虽然泥塑不能与科技含量衡量相比，但它在生活中新增了亮点，其朴实、直观、真实的特点增加了与百姓间的"零距离"感。

泥塑可欣赏、可玩耍，甚至具有很高的收藏价值。每件泥塑都是作者当时当地当景的内心情感的一种抒发，是独一无二的精神产物。

泥塑具有独特的艺术色彩，表现的内容与主题来自人民的生产和生活，又回归到人民中去，泥塑是世世代代人民的精神财产，是中国民间艺术史上无比灿烂辉煌的艺术珍宝。

三、年画

年画是中国民间艺术形式之一，也是常见的民间工艺品。年画历史悠久，是由早期的门神画演变而来，直到光绪时期才称为年画。年画属于中国绘画的一种表现形式，表现内容和主题非常丰富，表达的是对美好生活的向往（见图1-36），尤其是在新春佳节之时进行张贴，用来装饰和美化家居环境。民间年画主要用木版水印制作完成，年画根据纸张的大小有不同的称呼，整张纸的称为宫尖，三开称为三才；根据画面表现的内容是否丰富和细腻称为画宫尖、画三才；颜色上使用金粉的画叫金宫尖、金三才；根据时间划分，六月之前的叫清版，七八月以后的叫秋版。

图1-36　潍坊年画《麒麟送子》

（一）历史渊源

年画艺术可以追溯到远古时期，来自原始人类对大自然和神灵的崇拜，是在逢年过节之时人们发明的一种新的艺术创作形式，是人们对美好生活的期盼和表达。早期的年画艺术代表着驱凶辟邪、祈福纳祥，是为适应百姓的需求而不断发展变化而来的，具有装饰意味的工艺品。年画和春联都起源于"门神"。过春节时，在城乡用年画进行装饰已经很流行，尤其是年画的强烈的对比色调增添了欢乐的氛围。

年画的种类非常广泛，与百姓的生产和生活方面的内容，都可以归属于年画类。年画题材反映的是百姓内心的精神寄托和理想信念。由最早的对神的膜拜转变为历史人物，再到神仙的角色的转换，这是年画题材的演变过程。

宋朝时期，随着木版印刷术技术开始崛起，木版年画得到了普及。由于百姓思想的转变，年画由原先的门神变为纳祥的寓意，后来转变为招财进宝，年画向"年话"的方向靠拢。在古代的《东京梦华录》和《武林旧事》的典籍中可以看到当时年画的流行程度。

元代年画的风格与表现的主题多数与宋代年画类似，但逐渐地走向衰落。在此期间，出现了《九九消寒图》的历画，被后人世代传承。

明朝期间，年画随着小说、插图的发展不断壮大，与百姓的生活更为密切，而且变为一种时尚。年画印制的方法不断改进，产生了一种叫短版拱花技术的印制方法，使得年画的种类和内容又得到了丰富。到了明中期，出现了一种彩色套印技术的印刷术，促使年画艺术向前发展，并出现了著名的天津杨柳青、山东杨家埠、苏州桃花坞等年画的主要产地。

清朝是年画发展的鼎盛时期。清朝早期经济繁荣，百姓安居乐业，年画在各方面不断发展。在创作题材方面，随着小说的流行，给年画提供了非常多的创作题材，这也是此时期的年画发展的主要原因。在表现方法上，引入了西方绘画的透视法的艺术特色，年画的发展成了西风东渐的重要渠道。

清末民初，由于战争不断，百姓民不聊生，年画慢慢地走向衰落。同时，为适应战争的需求，一系列反侵略、反战争、爱国运动的题材应运而生，还产生了月份牌、时装美人画等（见图1-37）。

抗战期间，出现了一种表现革命需求的新内容，鼓舞了我军的战斗精神。中华人民共和国成立后，把年画中消极、落后的内容去除，年画艺术向着新的方向不断发展着。此后，踊现出部分仍在创作年画艺术的专业画家，他们继往开来，把年画艺术不断推向新的高潮。

图1-37 清代年画《母子图》

（二）年画的制作方法

年画的制作方法分为石印、水印套色、胶印、半印半画、木印、人工绘制等。

主要介绍一下套色木板年画的制作程序：首先是要定稿，用中国绘画中的白描法将草稿绘制在毛边纸上；然后将画稿贴在木板上，再进行刻墨线版的制作，复印出画样；在画样上根据颜色的需要进行染色，将不同颜色的套印版完成；最后进行印刷，把墨线和做好的套色版准备齐全，把白纸固定好，模板放在一侧，然后将纸覆盖在画版上，用棕刷刷平，一种颜色完成，接着再印刷另一种颜色，直至全部完成。

（三）年画的题材

年画的表现形式，多达2000多种，主要概括为四大类：一类是神仙和吉祥物，神仙是年画创作的最基本的表现形式，吉祥物指的是瑞兽祥禽，比如虎、鹤；第二类是世俗生活，主要包括人们的生息劳作，节令风俗等题材，这个题材所占比例较少；第三类是娃娃美人，在民间年画中占比较大，代表了百姓对幸福生活的期盼；第四类是神话故事，在题材中的比例最大，像《白蛇传》《西游记》等。

年画按种类划分，第一类是门神类，是最早、最主要的表现形式，是在新年时粘贴在门上的；第二类是吉庆类，是对美好生活的祝愿，是百姓非常喜欢的题材；第三类是风情类，以百姓的现实生活为表现内容，如《老鼠嫁女》；第四类是戏出类，主要表现戏曲故事的题材，如《群英画》等；第五类是符像类，以神像和符为表现题材，表现驱邪纳祥的愿望；第六类是杂画类，像灯画、布画、月份牌等形式。

（四）中国民间年画的表现形式

经过了漫长的历史演变，中国民间年画形成了其独特的表现形式，主要与中国古代建筑的构成和年画的功能有关，表现的题材形式达 24 种以上，分为以下形式：中堂、屏条、三才、炕围、窗画、历画、门画、灶王、纸马、符等。

（五）年画流派

年画的地域分布非常广，除了新疆等偏远的地方以外，全国各地基本上都有年画作坊。

1. 按照艺术风格划分

年画的发展历史非常悠久，具有浓郁的地域特点，形成了各具特色的艺术风格，出现了具有代表性的地方年画。

（1）开封朱仙镇的木版年画

开封朱仙镇的木版年画（见图 1-38）是中国最古老的木版年画艺术。在北宋时期，汴京是重要的城市，各地的商人来到汴京，经济发展迅速，百姓生活安定，人民安居乐业，人们的精神文化需求也在不断提高，世俗文艺的发展为年画的内容提供了重要的条件。随着年画的需求不断增加，在此期间，雕版印刷术也有了改良，于是出现了官民共办的作坊。木版年画的销售空前巨大，而且，迅速扩展到全国各地。开

图 1-38 朱仙镇木版年画

封木板年画的表现内容具有中原本地的艺术特色，是一种雅俗共赏的艺术风格。

随着岁月的流逝，开封府等地经历了战争、自然灾害等时期。到了明初，开封被摧毁，于是百姓迁徙，以至于城镇衰退，中原文化主流慢慢消失，逐渐形成了粗糙的、乡土味道的艺术风格。此时期的年画线条粗犷，造型夸张，头大身小，构图能力强，幽默稚拙，色彩亮丽浑厚，左右呈对称式，乡土气息浓厚，鲜艳而不失雅致。这些甚至影响到了北方年画的艺术特色，质朴的构图，夸张的造型手法，色彩鲜艳亮丽，主要运用橙色、绿色和桃红三种颜色，表现了北方的地域特色和乡土味道。

（2）天津杨柳青年画

明朝时期，天津的杨柳青是南运河附近的重要地方，经济水手不断提高，精神文化的产物——木刻年画在明朝末年开始兴起，随之出现了销售年画的专卖店，到清乾隆年间变得鼎盛起来。天津杨柳青是南北地区重要的交通要道，汇集了满汉文化的精华，丰富的民俗活动也增添了几分朝气，是南北文化重要的纽带。

因此杨柳青镇年画（见图 1-39）接受到了多元文化的影

图 1-39 杨柳青年画

响，消费人群呈现的是多元化状态，上至达官贵族，下至普通百姓，杨柳青年画的技法是国画中重彩画，形成了独特的艺术风格。

（3）苏州桃花坞木版年画是江南年画的优秀代表

桃花坞的木版年画（见图1-40）可以追溯到南宋时期的临安城。南宋的木版年画发展在长达100多年的历史中，与江南文化进行融合，形成了特有的、精致细腻的绘画特色，并不断发展到了苏杭等地区。元代以来，元明戏曲小说取得了巨大的成就，在这样的条件下，木刻插图的发展带动了版画艺术达到顶峰，版画艺术的发展也促进了年画的发展。苏州的木版年画关系到明清时期的江南繁华的文人书画风格。代表

图1-40 桃花坞的木版年画

人物有元朝赵孟頫和"元四家"、明朝时期的唐伯虎、吴门四家，他们都曾在苏杭生活和进行艺术创作，在江南一带享有盛誉。清朝时期的文人画不断普及，促进了木版年画的进一步发展和传承。苏州桃花坞的木版年画成为江南木刻年画的中心，形成了独特的艺术特色。

（4）广东佛山和四川绵竹的年画

广东佛山的木刻年画是中国岭南文化的重要标志性产物。广东佛山是华南区域的重要地段，南迁的百姓带来了中原的文化特色，木版年画就是其中之一。广东佛山地理位置优越，自古就是富饶的鱼米之乡，也是中国重要的对外海口港岸，属于重要的商业城镇。佛山年画反映着当地的社会文化，并形成当地独有的艺术特色。由于大多数成年男子不从事农业，而是从事工商业，出国深造。所以，待在家里的人，往往祈求好运，发财，趋利避害。所以佛山年画的形式相对简单，主要的题材有门神、造像、榜边画等。在色彩的运用上，广东文化流行红色，认为红色代表着顽强的生命力，代表着经济的繁荣，红色在门画中的运用较为突出，具有"万年红"的盛誉，体现了岭南一带的艺术特色。

四川平原的绵竹年画，在传承唐宋线描和着色方法的基础上，形成了鲜明华丽、朴实浓厚的地方风味和民族风格。四川年画的历史可以追溯到明末清初时期，形成了丰富多样的艺术种类，在表现形式上主要是以门神画和门童画为主。其制作的过程是先勾线再染色，也就是在花样的基础上印上墨线，然后进行手工上色。年画制作的主要特点是捺印法，就是加了金花图案，把纹样刻在图章上，再印在画上。

2. 根据年画的地域分布进行划分

（1）陕西凤翔年画

陕西年画主要分布在汉中、凤翔、神木、浦城、长安等中心地带。其中凤翔年画最具代表性，凤翔木刻年画开始于唐宋时期，明清达到鼎盛，规模巨大，形成了完整的设计、雕刻、印刷、绘画和销售一体化的作坊的模式。其艺术风格保留了汉朝时期的青铜器和汉

画像石的雄伟气势的特点，在继承线描画的传统风格上，借鉴佛道艺术，进行大胆的艺术创作，具有瑰丽简约的艺术风格。代表作品有《天神佑民》《状元进房》《六合同春》《刘海戏金蟾》等。

（2）天津杨柳青年画

杨柳青是天津以西48.280319926614千米的一个城镇。杨柳青年画非常有特点，它是在传统绘画的基础上又吸收了明朝的木刻版画等表现方法，将木刻套印的手法与绘画相结合，形成独树一帜的、主题感人的独特艺术风格。其创作题材种类繁多，包括风俗民情、历史故事、过家家人物、玩偶、美人、花卉、山水、马等。它是在木刻或石版画的底稿上用线条印刷，杨柳青年画的艺术技法精致细腻，与工笔画的技法如出一辙。其主要题材以娃娃为主，在以人物为主题的年画中具有构图能力强大、题材广泛的特点。其重要的代表作有《庄稼忙》《秋江晚渡》。

（3）河北武强年画

主要集中于武强、邯郸等地带，兴盛于清朝乾隆、嘉庆年间。在原始农耕、佛教、民俗等影响下发展起来的民间乡村艺术。河北武强年画题材非常多，主要表现的是与百姓生活密切相关的民俗等内容，如历史传说等。有的年画还对影响社会变革的重要现象进行描绘，以此来表达对国家的热爱。

武强年画的主要颜色有红、绿、黄，画面结构饱满，线条强劲有力，风格粗犷朴实，色彩鲜明，装饰风格带有明显的夸张性，非常简洁清晰，具有很高的艺术价值。

（4）山西年画

山西年画主要分为晋北和晋南两大流派。晋北的年画主要是以大同和应县为代表，其技法主要是以窗绘为主。晋南的年画主要是临汾和运乡两个地方，其题材内容是以戏剧中的场景以及人物故事为主。山西年画的制作方法主要是一半画一半印制，当然也有全部套色的年画，色彩对比鲜明，颜色鲜艳亮丽，风格粗犷，场景非常有气势。

（5）山东潍坊杨家埠年画

山东年画主要是以潍坊的杨家埠和聊城为主要的代表。在明朝期间的潍坊杨家埠，世世代代的先祖们在当地建立了恒顺、万曾乡等画店，在清朝达到了鼎盛时期，上百个店铺，上千种画种，作品销量巨大，接近中国产量的一半。

炕头画是杨家埠年画的主要的代表形式。年画的主要特点是线条豪放，在造型上突出其主要特征，手法简练，在色彩上运用红、黄、蓝等原色形成强烈的对比色调。

杨家埠年画在创作题材中能够把很多新想法、新事物展现出来，做到与时俱进，对社会的发展起到很大的作用。杨家埠木版年画中也体现出了中国民间的社会生活，对中国现代文明的研究有一定的参考作用（见图1-41）。

图1-41　杨家埠木版年画

杨家埠年画素以印造木版套色年画为代表，既淳厚晴朗，又淡雅美丽。外形的颜色主要运用桃红与绿色，加以施金，再由粉本、扑灰、粉脸、描金而完成。

（6）河南朱仙镇年画

朱仙镇木版年画产生于唐朝时期，宋朝兴盛，明朝更为繁荣。其题材以戏剧故事为主。

朱仙镇年画构图丰满，色块鲜亮明快，色彩简单浓厚，以橙、深绿、年夜黄为主，只进行套印而没有绘画。外形古朴浮夸，线条遒劲有力，精简粗犷，艺术形式古朴淡雅，在人物的眼睑中常用一块弯弯的橙色作为朱仙镇年画的标志。

（7）江苏桃花坞年画

桃花坞的年画的艺术特点是构图饱满，色彩鲜艳，具有强烈的装饰味道和浓厚的生活气息。艺术风格非常朴素、稚嫩、精简、丰富，栩栩如生，线条强劲，炉火纯青。

首先是与中国国画相类似的一种表现形式；其次是这种写实的艺术能够反映出人们的生活状态；再次是当地艺术主要是受到西方艺术的影响，并且借鉴了西方的艺术；最后是涌现了很多构图能力强大的作品。

（8）湖北滩头年画

湖南滩头年画是湖南省唯一的手工木版水印年画，产地在湖南省宝庆隆回滩头镇。从明末清初到民国初年，滩头年画逐步形成了自己独特的美术风格：艳丽、润泽的色彩，古拙、夸张、饱满、个性化的造型方法，纯正的乡土材料和独到的工艺，使作品具有浮雕一般的艺术效果。作品《老鼠娶亲》倍受世人盛赞。

（9）福建泉州年画

主要产地是泉州、福安等地区，其作品主要是以门神作为创作的重要内容，也有一部分神像等作为题材。

（10）广东佛山年画

主要是在佛山一带。创作的内容主要是门画、神像等题材。特别注重突出人物造型，线条粗犷，色彩对比强烈，构图简洁，讲究均衡性。

（11）四川绵竹年画坞年画

产地主要在绵竹一带的地区，绵竹年画是从北宋开始兴起，到了明末清初的时候，年画艺术进入鼎盛时期。其创作的主题内容非常广泛，种类也非常多，比如历史人物、小说重要的场景等，还有动物、花果等内容。艺术风格独特，具有非常浓厚的民族特色和地方特色。

3. 中国四大年画

（1）山东潍坊杨家埠：杨家埠年画的艺术特点是线条表现豪放，造型具有鲜明的艺术特征，颜色的运用中使用强烈的对比关系，体现出强烈的装饰性和生活气息。

（2）天津杨柳青：构图能力非常强大，和谐有序，色彩鲜亮明丽，致力于精致工整的绘画效果，人物造型栩栩如生。

（3）河南朱仙镇：构图饱满，常用对称的方式，线条浑厚，变化丰富，造型夸张，头部大身体小，惟妙惟肖，颜色鲜亮，对比强烈，门神是朱仙镇木版年画最多的题材。

（4）江苏桃花坞：构图能力强大，色彩鲜艳，具有强烈的装饰性和浓厚的生活气息。具有朴实、粗犷、简练、丰富的艺术特点，画面做工精致，线条简练，高雅明净。

（六）年画的艺术价值

年画是表现风格与文化见解的完美构建，是在人民大众中形成的审美意识，是精神文化的产物，是人民大众所喜欢的一种艺术。

年画常在新春佳节时进行粘贴，寓意着喜庆安康，因此，年画大多数运用非常鲜艳的色彩，注重意境和造型的表现，人物表现充满生机，朝气蓬勃。群众的聪明才智，构成了博大精深的传统文明。

年画的艺术风格非常独特，主题与内容的选择非常宽泛，比如常用的有门神、神仙、戏剧、农耕、经典传说、植物、动物、人物等题材。同时年画艺术与风俗紧密相连，年画不但在岁末大批量涌现在乡镇街市，在一般的日子中也非常普遍，特别是在一些风俗活动中可以经常见到，比如在结婚、生子等日子中。

年画来自百姓的生产与生活中，风俗节日是年画兴起的重要原因，是人们对于幸福生活的期盼，是迎福纳祥的愿望。年画作品中能够折射出社会的变更和人们衣食住行的习惯，会在不经意间显露出当代社会的发展状况，这是专家研究历史的重要依据。如年画中人物的服饰，可以研究服装的演变过程；年画中的务农工具，可以了解到工具的发展史；年画中的结婚场景，可以反映出当时社会的生活状况，这些都是年画艺术留给后人的珍贵的历史资料。

年画来自百姓之中，是人们精神的产物和寄托，给人们带来的是赏心悦目的优美环境，还给生活增添了许多欢乐气氛。

年画能够在历史的长河中经久不衰，且不断地发展，除了年画本身表现的题材所特有的艺术魅力之外，还有一个重要的原因就是年画在百姓和社会中的需求量是非常大的，其他艺术种类中是不能够同日而语的。年画具有浓郁的地方特色和审美价值，是建立在百姓的生活和社会的风俗的理念中的，是对不同时期的社会状态和百姓生活的具体的反映。

年画的兴起是建立在以农业为主的社会中而不断发展的，它广泛地分布在祖国大好河山的角角落落，在数千年来的社会变革与发展中，虽然经历无数次的摧残，但年画的文化价值仍旧延续着，依然以茁壮的姿态屹立在祖国的大地上，以自己独特的艺术形式代代相传，永不停息。

第一，吉祥主题是中国各地的传统年画的一个共性。中国的传统民间年画从其题材的内容、艺术形式到其表现手法，都以代表吉祥如意、纳福驱邪等为其最重要的基本职能，这使得年画在当今社会上已经发展成为一个具有无穷的生命力和广泛受到人们青睐的一个新型画种。中国的年画题材也在随着时代的不断进步而发展。

第二，年画的风格和造型表达是来源于中国千百年文化的沉淀，是来源于中国农村特殊的社会结构而形成的一种集体性审美观念，是来源于中国现代民间艺术家们独特的风格思维模式和造型意识。人们可以清楚地观察到那些在它们背后的悠久历史和文化内涵。

第三，想象力是作者创作的主要手段。艺术来自作者内心情感的表达，而情感需要很多的方法进行表达，其中最重要的就是想象力，一旦失去了想象，人就会变得呆板、缺乏生机与活力，绘画就无法进行。年画的创作者们是在前人的经验的基础上再加入个人的想象能力，对画面的内容进行构思与设计，达到一种形随神变的创造能力。

年画是作者把丰富的想象力进行艺术再现的创作，它将创作者的灵感融入其中，将理想与现实、主观与客观融会贯通。年画艺术的造型直接、稚拙、充满想象，贴近人内心的性格特点，而对于物象的外观造型特点，追求夸张、变形的效果。

第四，各地的年画技法和工艺特色各不相同，因为每种年画的背后都有一种程式化的制作过程，主要是由于每种年画都是因为当地的社会环境和历史特点的不同而发展壮大起来的，另一个原因就是年画传承的方式主要是以家传、学徒等为主，学习方法比较单一、固定，所以呈现出不同区域的艺术特色。

年画的艺术价值具体体现在通过作品的内容和表现形式来传达对民族和人类社会的情感，以及作者本人在日常生活中的真实感受和真情实感。年画的重要传递手段主要是言传身教，口传心授，物化媒介传播形式。年画的兴起源于百姓的风俗生活，是为满足生产和生活的需要而不断丰富起来的，所以具有非常高的艺术价值，更重要的是它记载着众多的自然现象和人文理念。

年画的发展在中国具有几千年的历史，年画是对中国历史的发展脉络、对百姓生活状况、百姓生活习俗进行总结的一部作品集。年画是百姓的风俗生活的产物，在新春佳节之日，百姓会在集市上购买年画贴在自家的大门上，甚至在屋里也贴上年画，起到烘托气氛的作用，也代表着对来年的祝福。

年画还是精神文化的一种重要载体，是文化、思想、审美和信仰的传播工具，也是一种图画式的大众读物，是对社会时事进行宣传的一种媒介。

年画具有鲜明的地方特色，是对每个地域特征的真实写照。在年画作品中，可以从表现的主题内容、色彩的运用、线条的变化中找到其鲜明的特征，它是中国民间文化的艺术缩影，在中国民间美术史上散发着迷人的光芒。

四、民间刺绣

民间刺绣大家并不陌生，是我国的传统工艺技术，古老又知名。刺绣，在早期也有别的称呼，有的叫针绣，也有叫"黹"（zhǐ），针"黹"之说。刺绣是将针线在纺织品上按照花纹的样子运用不同的针法，绣成不同美感的装饰纹样的传统手工艺。刺绣属于中国古代女子的重要技能之一。刺绣作为中国民间传统的手工艺，在中国的传承有两三千年的历史[1]。

刺绣的应用在百姓中的生产和生活中非常普遍，在人们的衣食住行中处处皆是，甚至在寺庙、道观和戏剧中的服装也是随处可见，可见刺绣艺术在百姓的生活中的用途是非常广泛的（见图1-42、图1-43）。

图1-42 传道故事刺绣

图1-43 寓意祥瑞的刺绣

（一）刺绣的历史发展

1. 帝舜时代

中国的刺绣工艺起源于2000多年前的帝舜时期，具有悠久的历史。据《尚书》记载，在4000年以前，在帝王和百官所穿衣服中，就有"衣画而裳绣"的制度，这是为了区分等级而制定的。上衣的纹样和下衣的装饰都是用刺绣完成的。刺绣在当时体现的是实用性功能，其图案纹样简单，针脚整齐匀称，技巧熟练。

2. 先秦

先秦时期的刺绣不断发展着。在《史记》中有一段文字是这样说的："楚庄王之时，有所爱马，衣以文绣，置之华屋之下。"可见，刺绣在当时的运用已经十分普遍。

20世纪50年代末，在长沙出土了一件战国时期的刺绣残品，目前被看作是最早的刺绣作品。其采用的是辫子股针法，针脚整齐匀称，把龙凤图案表现得活灵活现，显示出了当时刺绣艺术的杰出成就。

3. 汉代

两汉时期，国家繁荣昌盛，刺绣艺术并没有停滞，而是取得了重大成就，在生活和生产中的运用更加普及。20世纪70年代初，在湖南马王堆的墓穴中出土了大量的刺绣（图1-44）。这些汉绣图案简洁生动，主题丰富，以云纹、凤鸟、神兽、带状花纹、几何图案、吉祥文字等为主要内容。其色彩和谐，造型生动，花色品种更为丰富，技法以

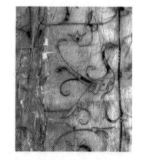

图1-44 对凤对龙纹绣浅绢面衾

---

①沈梅丽.浅谈课程游戏化背景下幼儿园班本课程的建构与实施［J］.文理导航，2021（2）：4，6.

锁绣为主，针法整齐，线条流畅，技艺精湛。

4. 魏晋南北朝

魏晋南北朝时期社会动荡，百姓处于水深火热之中，社会经济遭到破坏，社会文化发展停滞不前，为了生存，大批百姓开始南迁，新的社会文明现象产生，刺绣艺术也随之发生了巨大的变化。

在敦煌以及新疆出土的东晋时期的刺绣中，丝织物上的装饰纹样和留白，都是采用满地施绣的针法来完成。

5. 唐代

唐朝时期社会安定，百姓衣食无忧，佛教、道教兴盛，刺绣艺术得到空前发展，出现了大量的佛教刺绣品。现藏于日本的《藏释迦说法图》和英国《绣帐灵鹫山释迦说经图》体现了人们对佛教艺术的信仰。在针法上，除了延续锁绣之外，衍生出以平绣为主的针法，在刺绣的材料上也有所改变，除了锦帛和绢之外，还在其他材料上进行绣制。

唐朝绘画非常兴盛，于是有了把绘画与刺绣进行结合的表现手法。在刺绣中，绘画中的花鸟、人物、风景的题材，以及色彩鲜亮的装饰图案成为刺绣创作的内容。在刺绣的针法上，唐绣用平绣技法、用各种漂亮的色线进行图案的制作。还出现了一种立体效果的刺绣技法，是用金线或银线勾勒造型的外轮廓，可以说是唐绣在针法上的又一创新。

6. 宋代

宋朝的刺绣非常出名，这是源于与书画之间的密切关系。因为自晋唐开始，书画艺术成为社会发展的主流，刺绣必然会受到书画的影响。不仅在当时，自古至今的刺绣依然受到书画的影响。

宋绣在制作之前，一般是先把画面的构图按照一定的方法安排好后，再进行刺绣，这样做的目的是为了保持与绘画一样的意境之美。但是却有着与唐朝不一样的表现方法，宋绣的构图力求简练，刻画的重点是在于纹样的取与舍，以及留白的处理能力。

7. 元代

从保留下来的元代刺绣来看，基本上是继承了宋绣的艺术风格。但不如宋绣的针法细腻，针法稍粗，线与线之间空隙稍大，不密实。元代的管理者信仰喇嘛教，于是刺绣被用于制作与信仰有关的物品，增添了刺绣艺术的宗教味道。从现存的位于西藏布达拉宫的元朝时期的刺绣来看，具有较强的装饰味道。山东出土的元代作品，不仅具有各种针法，还出现了加贴绸缎的技法，形成一种立体的画面效果。

8. 明朝

明代刺绣的兴起源于嘉靖年间的顾氏针法。上海的顾寿潜及其妻子技艺精湛，他们临摹绘画中的人物、山水、花鸟等，具有独特的劈丝配色的高超技艺，被誉为画绣，世人称其为露香园顾世秀，进而闻名遐迩。

顾氏针法，是在继承宋绣的基础上加以变化而来。其针法主要是用平线或捻线，针线细腻，针脚平整。在颜色上讲究丰富性，这是宋绣所不能及的。顾绣借鉴绘画作品本身的形体与颜色，讲究与原稿的极高的相似度，善于运用中间色调进行整体性的安排，还能根据图案所需进行取材，比如草、鸡尾毛、头发，甚至是薄金也能运用在作品中，可谓是独到匠心，独具一格。根据图案所需采用的发绣技术是世界染织史上的重要贡献。

9. 清朝

清朝早期的刺绣的用途相对单一，主要是为宫廷服务，刺绣者是宫中的专业人员，先由宫中的画师绘制出画样，然后再由织绣坊的人员按照图样进行绣制（见图1-45、图1-46）。

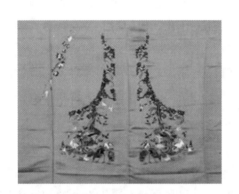

图1-45　清　雪青缎地彩绣
百鸟朝凤紧身料（前身）

图1-46　清代福禄寿
（高260cm　宽110cm）

随着刺绣技艺的不断发展，许多地方的刺绣应运而生，像苏绣、粤绣、蜀绣、湘绣，被誉为"四大名绣"，不断发展壮大，还涌现出不少人才，像丁佩、沈寿等刺绣名家。

在民国初年，著名的苏绣代表沈寿把刺绣艺术进行了改良。沈寿对针法进行了丰富，创造了具有立体效果的仿真绣。在她的著作《雪宧绣谱》中，她整理了不同历史时期的针法，还把自己创造的针法进行了详细的介绍，为中国的刺绣艺术做出了重要的贡献。她还把西方的绘画技法引用到刺绣中来，创造了散针、旋针等针法，使画面具有光线明暗虚实变化的立体效果。沈寿还绣制了意大利国王的肖像，获得世界级别的荣誉奖。

刺绣具有较高的收藏价值。大部分清代的刺绣作品已经出现病变，仅有《福禄寿》的保存还较完整，该作品的颜色依旧鲜亮，做工精致细腻，刻画的人物神采奕奕，精神矍铄，出自名家之手。该作品价值不菲，属于稀世珍宝，具有浓厚的文化底蕴，是世上少有的重要文化遗产。

随着苏绣的发展变化，新的刺绣方法应运而生，像乱针法、双面绣等。刺绣到了宋元时期开始对书画作品进行艺术创作，作为艺术品来欣赏，而在此之前多为实用品。故宫所

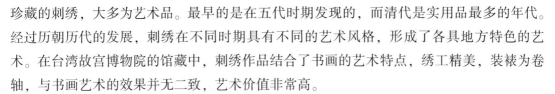

珍藏的刺绣，大多为艺术品。最早的是在五代时期发现的，而清代是实用品最多的年代。经过历朝历代的发展，刺绣在不同时期具有不同的艺术风格，形成了各具地方特色的艺术。在台湾故宫博物院的馆藏中，刺绣作品结合了书画的艺术特点，绣工精美，装裱为卷轴，与书画艺术的效果并无二致，艺术价值非常高。

在20世纪50年代末期，长沙楚墓中发现了一件刺绣珍品，这件作品上绣有龙凤的图案，造型生动，活灵活现，作品属于距今两千多年前的战国时期的艺术佳作，被认为是发现的最早的刺绣珍品。汉朝的刺绣应用的范围非常广泛，通过出土的资料可以看到在百姓生产和生活中的应用是非常广的。明朝时期出现了具有地方特色的刺绣作坊，如四大名绣，其使用的范围更加广泛，种类繁多。清代的顾绣闻名遐迩，技艺精湛，做工优良，针法众多，顾绣成为所有刺绣艺术的代表。

刺绣获得了海内外人士的赞誉，刺绣艺术成为中国民间文化艺术的重要组成部分，具有非常高的艺术价值和文化底蕴。在2006年，扬州刺绣被批准为非物质文化遗产，刺绣的价格也在一路飙升，市场前景非常明朗，刺绣艺术也将在中国大地上继续绽放美丽的花瓣，散发着独特的艺术气息。

（二）不同时期刺绣的艺术特色

1. 战国

刺绣艺术的发展可以追溯到舜禹时期，那时已经出现了五彩绣的作品，在夏、商、周时期有了发展，秦汉时期得到提高。从墓穴中出土的大量刺绣作品来看，周朝时期的刺绣作品造型简单、针脚粗糙；战国时期的刺绣作品的做工相对精致细腻，还发明了辫子绣，也叫锁绣的新技法。在出土的战国刺绣作品中就发现了用辫子绣的针法刺绣而成的龙凤纹绣，这些作品足以说明当时的手工艺技术已经十分发达。

2. 汉代

汉代时期的刺绣不再局限于其使用功能，而更多的是注重表达一种艺术形式的美感。汉代时期因经济繁荣促进了纺织业的发展，各种材质的丝线不断产生，促进了刺绣艺术的进展。在新兴社会中出现了一批新的消费阶层，这部分人注重刺绣艺术的品质，这也促进了刺绣产业的发展。从出土的文物中可以看出当时的刺绣艺术做工之精美，图案之秀丽，为刺绣艺术的进一步发展做出了重要的贡献。

汉代时期的著名批判家王充在其著作《论衡中》这样阐述："齐郡世刺绣，恒女无不能"，说明当时的刺绣在百姓的生产和生活中已经很普遍了。但是也表现了一种社会等级，普通的劳动人民的刺绣相对简单、粗糙，只是进行简单的点缀而已，而达官贵族的刺绣作品材质华贵，做工精致细腻，于是社会阶级的种类又从另一个角度中进行了划分。

长沙马王堆的汉墓中，出土了汉朝时期的刺绣残片，这是比较有代表性的刺绣作品，在出土后依然能够把刺绣艺术的魅力表现得淋漓尽致，画面构图完整，做工精细。汉代的刺绣艺术已经深入山东一带的妇女的生活中。此时的蜀绣艺术也出现了较好的发展趋势，表现出了与众不同的地方特色。由此可以看出，汉代的刺绣艺术已经非常普及了。

3. 唐代

唐代刺绣技术发展得非常好，应用的范围也在不断扩大。不仅刺绣的画面中的美感更加生动，尤其是在针法上又有了新的改进。唐朝文学是历史上大发展的时期，出现了很多的名人名著，比如浪漫主义诗人李白曾写过"翡翠黄金缕，绣成歌舞衣"的诗句，以及现实主义诗人白居易也曾写过"红楼富家女，金缕刺罗襦"的诗句，这是对现实生活的写照，是对当时刺绣艺术在不同阶级中应用状况的真实再现。

唐代刺绣的使用范围还扩展到了佛教中，这是由于唐朝时期开始重视佛教、道教，人们对于神灵的信仰非常虔诚，于是在佛教作品中必然会融入刺绣的使用，主要是用刺绣来制作佛像、佛经等相关的宗教题材。

唐代刺绣的针法也得到进一步的发展和变化，除了对传统辫子绣针法的继承外，还发明了平绣、纭裥绣、打点绣等多种方法。纭裥绣又称为退晕绣，其主要的针法特点是能够表现出色彩的深浅以及不同明暗层次的丰富变化，塑造画面的立体感，同时还能够加强色彩的奢华与富贵之感，体现了一种强烈的装饰味道。

唐宋时期的刺绣艺术已经十分发达，针法达到几十种之多，在不同的地域产生了不同的艺术风格，具有浓厚的地域性特点。刺绣的用途不仅仅是体现在服饰的装饰上，还发展到了以欣赏为目的的刺绣画、佛像等作品中。有一个关于武则天的故事，据说武则天下令技工刺绣佛像，多达400多幅，并将这些佛像刺绣赠予了佛教寺院和附近的邻国，这充分地证明了佛像刺绣在当时是非常盛行的。

4. 宋代

宋代的刺绣技艺达到了鼎盛时期，对画面艺术的美感的追求和做工技艺达到了极致。《宋史·职官志》中一句话这样写道："宫中文绣院掌纂绣"，其中纂绣指的就是刺绣。因为当时的宋朝鼓励刺绣并实行奖励制度，这使得手工刺绣发展得如此迅速。宋绣独尚名人书画，偶有佛像绣品。

宋徽宗年间还专门设立了绣画专科的部门，把绣画的分类更加具体化，涌现出了很多杰出的刺绣人才，刺绣的发展达到了一个更高的层次。还出现了一个创新之举，那就是把绘画与书法结合到刺绣的创作中，刺绣艺术由原先的实用功能进化为欣赏性的功能，把刺绣的艺术价值充分地展现了出来，形成了观赏性刺绣这一独特的艺术。

宋朝期间，统治者非常关注刺绣的发展，这也是促使刺绣不断发展的一个重要条件。刺绣技术水平的不断提高，新的刺绣针法被发明出来，产生了平绣等新技法，工匠们还改良了刺绣的制作工具和材料，如细如发丝的钢针，精细的丝线，还临摹了许多名人的书画作品，用刺绣的形式进行艺术创作，把刺绣与绘画完美地结合在一起。

5. 元代

元代的刺绣技术继承和延续了宋朝时期的针法特点，继续以写实的技法运用在刺绣作品中，但远不如宋朝时期的技艺精致细腻。元朝建立政权后，在中原各地建立了刺绣的专门机构，在元朝政府的影响下，刺绣艺术的审美观念发生了变化，渐渐向美术方向转化。元朝统治者为了否定儒家的首要地位，元世祖忽必烈将藏传佛教深入中原文化，使得中原拜佛信教的风气日益增长。

虽然如此，但中原大地上的刺绣技艺仍延续着宋朝时期的刺绣技法，选择名人书画进行临摹和绣制，但手工不再精致，其用线稍粗，针脚不再密实。

6. 明代

明朝的刺绣是在宋朝的基础上发展而来的。明朝时期社会稳定，经济繁荣，促进了刺绣工艺的发展。明朝刺绣的艺术特点如下。

首先，刺绣作品精良，针法丰富，用途广泛。刺绣主要采用了写实风格的创作形式，材料不断改良，技巧精湛，与宋朝繁缛华丽的风格接近。

其次，在技艺上，在继承宋绣的基础上，将刺绣与中国绘画相结合，形成了绣画式的画面效果，而且涌现出了很多的具有地方特色的刺绣，尤其是以上海的顾氏刺绣最具特色，并备受推崇。

最后，其他刺绣种类应运而生。明朝的绣工们不再使用单一的丝线进行绣制，而是发明了新的制作材料，从而让刺绣艺术的使用范围扩大，比如透绣、发绣、平金绣等技法。洒线绣技法是明代最为突出的技法之一，其主要特点就是按照双股捻线的方法，在方孔造型的纱上绣制，绣制的时候是以几何图案为主，再配上用绒做底的花卉图案。洒线绣属于北方刺绣，可以从出土的孝靖皇后的夹衣上看出其鲜明的技艺特点，采用了六种不同的线，十二种不同针法绣制完成，这是明代时期的重要的刺绣作品之一。

7. 清代

清朝可以分成早、中、晚三个时期，在早期和中期社会繁荣安定，百姓安居乐业，促使刺绣艺术不断向前发展。刺绣整体的风格还是遵循写实的特点以及浓厚的装饰性；在用色上讲究和谐，在针法上运用金针和垫绣的方法，其主题内容表达非常广泛，刻画的造型生动传神、高雅精致，具有独特的艺术特色，是作者内心情感的表达和精湛技艺的表现。

清代刺绣艺术特色归纳为：①地方绣派应运而生，各具特色，百花齐放。主要的地方刺绣代表是被称为四大名绣的苏绣、粤绣、蜀绣、湘绣，当然还有京绣、鲁绣等地方刺绣。②晚清时期的刺绣艺术将绘画与西洋画进行结合，取长补短，产生了新的艺术效果，如沈寿的仿真绣。

8. 中华人民共和国前后

民国时期，社会动荡，民不聊生，刺绣存世量较少。由于刚上台的新政府政治方面能力缺乏，国库空虚，没有能力解放百姓。国家内忧外患，政府腐败无能，百姓的基本生存得不到保证，导致刺绣艺术也停滞不前。

新中国成立以后，虽然大部分人民的生活还十分贫苦，但也有世代以刺绣技术为生的专业人才和少数的有着先进思想的社会人士开始对文化艺术有所向往和追求。刺绣艺术也如雨后春笋般发展起来，手工技艺得以延续，制作技术不断提高，应用范围越来越广泛，题材范围不断扩大，刺绣技术以稳定的势态向前发展，同时又产生了很多创新性的艺术手法和表现形式。

新中国成立初期的刺绣具有鲜明的时代特色，主要是为国家和时事政治服务的，还有一部分是描绘广大劳动人民群众的任劳任怨、不怕吃苦、不怕牺牲的精神面貌。改革开放后，刺绣艺术以崭新的面貌在中国大地上继续散发着独特的艺术魅力，数以百计的中国人民将继续为刺绣事业的发展做出重要的贡献。

（三）刺绣流派

苏绣、湘绣、粤绣、蜀绣是我国汉族的四大名绣。四大名绣在中国经济发展过程中曾经起到很大的作用，特别是19世纪四五十年代，绣品开始进一步商业化，除了国内的大量需求和销售，绣品开始开辟国际市场，并远销欧美地区。

正是由于苏绣、湘绣、粤绣、蜀绣的产品销路尤广，影响地域广，因此有"四大名绣"之称。

根据地域划分，还可以分为：京绣、鲁绣、汴绣、瓯绣、杭绣、闽绣等。除了汉族，还有很多少数民族也有各自的、具有强烈民族风情的刺绣，这些民族目前包括：白族、苗族、维吾尔族、蒙古族、彝族、傣族、土家族、壮族、藏族等。

1. 苏绣

苏绣（见图1-47）的历史比较久远，到目前，大概有2600多年的历史，宋代时已经发展到一定的规模。集中制造刺绣的地方纷纷出现如绣衣坊、绣花弄、滚绣坊等作坊或者坊巷，这也集中体现了刺绣作为重要的手工业发展很快，并

图1-47　苏绣

颇具规模。明代的苏绣，影响进一步加大，占有一定的市场份额，并形成自己独特风格。清代是刺绣最为发达的时期，皇宫大臣们所用的刺绣多为苏绣。

20世纪30年代，乱针绣的发明和使用在一定程度上完善了苏绣针法。发绣也是苏绣的一种，是中国民间艺术的一颗耀眼的星星。根据历史资料记载，发绣始于唐代，其特点为线条明快、清隽劲拔、利于收藏。目前，苏州发绣已成为苏州市的"非遗"项目。

2. 湘绣

湘绣（见图1-48）的主要生产地为长沙。其产生和发展主要是建立在苏绣和粤绣的

基础上，加上湖南民间艺人的创新改造，逐渐形成富有本地特色的湘绣。

清代嘉庆，湖南长沙开始刺绣，1898长沙开设第一家自绣自销的"吴彩霞绣坊"。清光绪年间，湘绣艺术得到进一步传播。

早期湘绣以绣制日用装饰品为主，后来逐渐增加绘画种类。湘绣的主要特点是形象逼真，具有真实感。湘绣在色彩运用上明快靓丽，造型讲究生动传神，风格豪放大方，以强烈的色差突出作品的主题，"绣花能生香，绣鸟能听声，绣虎能奔跑，绣人能传神"的美誉曾被广为流传（见图1-48、图1-49、图1-50）。

图1-48　湘绣　　　　图1-49　广绣《紫荆孔雀》　　　图1-50　绣　戏曲人物帐帘　清

3. 粤绣

大约一千多年前，粤绣产生，按地域划分，主要分为两类：广绣（见图1-49）和潮绣（见图1-50）。唐代苏颚的《杜阳杂编》中对南海（今广州番禺）卢眉娘进行了详细的描述和赞誉，据说她天生聪慧，心灵手巧，对很多事物的形象过目不忘，记忆力非凡，同时在刺绣中融入很多少女的美好想象和创造，被苏颚誉之为"工巧无比，能于尺绢绣《法华经》七卷"。

粤绣发展到唐朝的时候，其加工制造技术已经非常成熟，人们对刺绣产品也非常重视，甚至有的官员通过进贡刺绣精品而加官晋爵，可以看出在高阶层的社会圈子里，人们对刺绣已经有很高的认可度。

明朝年间，随着郑和下西洋，中国的远洋海渡得到了空前发展，广东的沿海贸易也随之快速发展，明代的刺绣也开始风靡世界各地，有个葡萄牙人也购买了广绣并献给葡王；英国女王伊丽莎白一世主导成立英国刺绣同业公会；英王查理一世鼓励国人种桑养蚕，英国丝绸工业和工艺得到迅速发展，广绣传到英国，被西方学者称赞为"中国给西方的礼物"。至今英、法、德、美各国的博物馆均有粤绣藏品。

清代，粤绣得到了更大的发展。清初的《广东新语》和《存素堂丝绣录》中记载，明朝期间，孔雀羽毛使绣品色彩夺目，马尾毛缠绒作勒线，这一切对粤绣勾勒技法的发展起到很大的促进作用。

粤绣的图案设计别致精心，其图案设计特点为构图复杂细密，图形饱满完整，色彩靓丽，走线规整，线脚细密均匀，针法变化多端，线条明快。粤绣种类丰富多样，鉴赏用的艺术刺绣包括屏风、台屏、壁挂等；应用物件主要包括枕套、披巾、台帷等。粤绣常常以鲜花小鸟等为主题，装饰性极强，以凤凰、牡丹、松鹤等为题材，重新构图，设计新的图案（见图1-51）。

图 1-51　粤绣

4. 蜀绣

蜀是四川的简称，因此蜀绣又被称作是川绣，按地域来看，蜀绣主要分布在成都及其周边地带，其特点为色彩鲜亮，走线规整，线脚细密均匀，变化多端，立体感强，地方特色鲜明。

蜀绣也有着长远的历史，晋代已经有对蜀绣的记录和评价，而且评价非常高，当时的人们认为蜀绣和蜀锦享有一样的声誉和地位，认为是四川当地之宝贝。蜀绣的主要材料包括彩丝和软缎。清代时，蜀绣已经开始有专门的手工业作坊，生产规模扩大，刺绣商品流通发达，成都市内以刺绣和卖秀为主的店铺——绣花铺，大街小巷到处林立。蜀绣的图案题材内容以花鸟虫鱼、人物风景为主。加工手法复杂多样，具体有斜滚针、棚参针、编织针等上百种。刺绣用途广泛，包括枕巾、鞋面等日用品和台屏、挂屏等欣赏品。其中《芙蓉鲤鱼》最为著名。

5. 汴绣

汴是汴梁，今开封市的简称，汴绣指宋朝时的刺绣，也称"宋绣"。汴绣历史久远，并有"国宝"之称，其绣工精细、针脚细密、图案规整、高雅秀丽，2006年，汴绣被确定为河南省首批非物质文化遗产之一。

汴绣在北宋时期很受重视。当时的都城为开封，皇宫内部设有"文绣院"，300多位精英绣女齐聚于此，尽心尽力，日日夜夜，不辞辛劳地为王公贵族们设计加工出精美的朝服官帽及服装饰品，这些刺绣被称作是"官绣"。

除了官绣，民间绣女也非常多。宋代时，开封的大相国寺外就有大批绣女聚集，专门从事刺绣工作，她们的工作场和专卖市场甚至被美其名曰为"绣巷"。明代大学者屠隆在他所著的《画筌》一书中赞曰:"宋之闺绣画,山水人物,楼台花鸟,针线细密,不露边缝,其用绒一、二丝,用针织发细者为之,故眉目毕具,绒彩夺目,而丰神宛然,设色开染,较画更佳,女红之巧,十指春风,回不可及。"

汴绣的色突出,往往以高贵典雅、色彩艳丽、细致入微著称。刺绣主题往往以我国名人名画、古画为主要内容,《清明上河图》绣品便是很好的证明,同时也是汴绣的代表作(见图1-52)。

图1-52 汴绣 清明上河图 局部

五代十国时期的《韩熙载夜宴图》、唐代的《五牛图》、宋代的《八十七神仙卷》、清代《百骏图》等名家作品都是刺绣的对象。

宋绣刺绣的品种还可以分为单面、双面、双面异色、双面三异等。在技法上,发明创造了36种针法,如枪针绣瓦、滚针绣山水、悠针绣动物,还有席蔑绣、乱针绣等针法,汴绣很好地结合了刺绣和绘画两者的优点和长处,做到了二者完美的融合。

6. 陇绣

陇是甘肃的简称,陇绣不可以简单地认为是甘肃的刺绣,这里的陇绣主要集中在庆阳。庆阳市,甘肃省地级市,位于甘肃省最东部,陕甘宁三省区的交汇处,是黄河中下游黄土高原沟壑区。早期此地的土地肥沃,水源充足,农耕发达,是中国古老的农耕发源地之一。陇绣正是在这一古老沃土上逐渐发展起来的。

陇绣主要来源于人们的生产生活实践,生活气息很浓,如孩童胸前挂着一个花裹肚,肚上绣着生动鲜活的花鸟虫鱼,甚是生动、活泼、可爱。街头巷尾,三五成群的老人们烟杆上吊着绣花烟袋。孩子过"满月",刺绣是最常见的贺礼,如虎头鞋、荷花帽、花裹肚、狮子枕、虎头枕、金鱼枕、龙枕、凤枕等。生男孩和生女孩,送的刺绣礼物是不同的,生男孩时送的刺绣礼物主要包括"状元进宅""马上封侯"等含有许多美好寓意的字绣,以及石榴、鹿、鱼等具有美好寓意的图案绣,表示多子多福、大富大贵等寓意;生女孩时送的刺绣礼物则主要有"丹凤朝阳""胖娃坐莲"的字绣,荷花、凤凰等图案绣,其意为保平安续香烟(见图1-53)。

图 1-53　陇绣

7. 山西民间刺绣

山西省是我国商业比较活跃的省份之一，同时也是民间刺绣艺术品的最早产生地。其历史悠久、题材丰富、内容广泛，具有强烈的山西本土的民间风俗文化和地理特色。

山西民间刺绣，风格独特、图纹纯朴、色彩明亮鲜丽、造型在于放大夸张、针法变化多端、制作精工入微。刺绣女工用她们的勤劳和智慧创造了这些独一无二的文化艺术瑰宝。最有影响的当属以忻州、晋南地区的刺绣工艺品了。

8. 忻州刺绣

忻州简称"忻"，别称"欣"，素有"晋北锁钥"之称，为山西省地级市。忻州刺绣在民间广为流传。绣品工整、鲜丽、华贵、高雅、淳朴。忻州刺绣从用途上来看，主要包括服饰刺绣、生活用品刺绣和祭献物品刺绣。

民间服饰的刺绣主要是用于妇女儿童穿戴的装饰，不同的花样图案用于不同的服饰部位。上衣袖口处常常用安康、祥和、如意的图案进行刺绣；有花卉装饰的祥云图案多用于领口的刺绣；裙子是古今妇女比较喜爱的服装之一。

生活用品的刺绣主要是用于枕巾，比较有代表性的是虎头枕，具体又包括人面头虎、虎头鱼尾，枕头缝制精细，图案小巧别致。

9. 晋南刺绣

晋南刺绣主要是装饰日常生活用品和衣帽服装，如衣服的袖口、披肩、帽子、鞋子、枕头、喜帐、椅垫等，其刺绣也是各有特色。

晋南民间刺绣的地域分布主要包括临汾和运城。常用题材包括孔雀开屏、松鹤延年、凤凰牡丹等，当然还包括蔬菜水果、动物、风景建筑等。

晋南民间刺绣的作者善于运用多种手法来表现自己设想的题材。写实、浪漫、夸张，各式各样，正是绣工们对这些手法娴熟地运用才使这些精美绝伦的刺绣工艺品呈现在我们眼前。

10. 灵宝民间刺绣

灵宝民间刺绣是代代相传而延续下来的传统技艺，是不断发展创新的成果。其刺绣风格特点为图案设计多样、主题内容丰富多彩、侧重美好意愿表达。

灵宝民间刺绣与人们的日常生活息息相关。这种刺绣往往都运用在日常生活用品上，如服装衣帽。其象征意义比较强，往往象征喜庆、吉祥、安康，利用谐音表达对美好事物的向往。其图案变化多端丰富多样，展现了民间风情和民间生活习惯。比较著名的刺绣有"喜鹊登梅""鸳鸯戏水""凤凰戏牡丹""百鸟朝凤""凤戏牡丹"等。

民间戏剧和皮影故事对灵宝民间绣品的影响非常广泛。灵宝的戏曲艺术非常发达，甚至被人们称作是戏曲的发源地。民间戏剧和皮影故事中的人物、服装、风景造型。在民间戏剧和皮影故事中，爱情故事特别受大家的欢迎。这也跟绣工主要是跟女孩儿有关，浪漫的女孩儿比较喜欢爱情故事，所以绣女在她们的作品中表达了对美好爱情的向往和追求。在枕头顶、门帘、被面等很多地方，绣女都把自己对美好爱情生活的追求进行创造加工，寄托着她们对爱情生活和美满婚姻的向往。

民俗文化对灵宝刺绣的影响是非常深远的，二者的关系非常密切。刺绣反映了民俗文化，民俗文化也影响了灵宝刺绣。在灵宝，婚姻、爱情和子女健康对于一个家庭来说，是很重要的事情，也是绣女们绘制不同绣品和玩具的主题和内容。比如姑娘大了，要出嫁了，这是一个大喜的日子。在这个时候，姑娘要当新娘，必须穿绣了大红花的蓝缎鞋。新郎新娘的新房布置必须喜庆得体，大吉大利，有句话表达了新房布置的内容和整体形象，"鸳鸯枕龙凤，红绸子门帘绣凤凰"。新娘的嫁衣则更是婚庆的重点，必须表达出喜庆富贵、完美、恩爱等含义。而这些含义的表达需要牡丹、朵朵彩云、喜鹊登梅、并蒂莲、龙凤呈祥、鸳鸯双飞等图案设计。

满月也是一个很重要的日子，这时要给孩子送新生儿礼物，如虎头靴、虎头帽等，这些礼物都有刺绣。端午节是汉族的重要节日，灵宝的绣女们会用自己灵巧的双手绣荷包、绣香袋，香袋里装满了各种香料，香气宜人，可以驱蚊虫，防叮咬。姑娘们把精心制作的荷包当作定情礼物送给自己的情郎，来表达爱意。

传统刺绣的针法在灵宝民间刺绣中保留相对完整。这些传统刺绣的方法包括包针绣、平针和补绣等。其代表作包括拉锁子、达子秀。绷花和补绣是两种比较常用的重要的针法。在制作玩具的过程中，人们常使用绷花技法。这里的玩具主要是小动物如虎、狮等，制作得非常逼真，惹人喜爱，深受人们的欢迎。

补绣的技法被广泛应用于刺绣制作过程中。这种刺绣技巧会使会使绣品产生浮雕的效果，立体感极强，深受人们的喜爱。

11. 青海民间刺绣

青海刺绣与唐代的丝绸之路有着密不可分的关系。丝绸之路的开通为唐代文成公主、金城公主先后入藏提供了便利。丝绸之路的开通，中原的丝绸刺绣进入了西藏，同时也在经过青海时，带到了青海本地。随着丝绸刺绣进入青海，带动了青海本地刺绣的快速发展。丝绣成为青海人民装饰美好生活，传递和寄托感情的载体。

青海刺绣被广泛地应用到人们的日常生活中。制作的种类比较多，图案设计新颖，变化多端。类型大体可以分四类，第一类是日常生活用品，如鞋、腰带、枕头；第二种为鉴赏类，如荷包、钱达、壁挂等；第三种主要是礼品类，如笔包、字画、挽联；第四种类型主要是宗教类，如佛像刺绣和寺庙殿堂的刺绣。

青海刺绣如同青海本地的语言一样反映了其民间风俗和民间文化。与中原文化相结合的青海刺绣逐渐形成了特殊的风格和魅力。青海刺绣反映了青海当地的宗教信仰、民俗习惯、生产生活方式以及当地的饮食文化、娱乐文化、节庆文化。

青海地区的主要居住民族为藏族和蒙古族，他们信仰藏传佛教。在青海刺绣的内容主题方面，更多地反映了藏传佛教文化、礼仪风俗，青海刺绣被直接用于宗教礼仪活动。表达人们对藏传佛教的信仰膜拜。

12. 西和民间刺绣

西和巧娘们用一根根五彩斑斓的线，绣出了自己的生活、智慧和心境，绣成了一道靓丽的风景线。手工刺绣枕头、手工刺绣鞋垫、手工刺绣鞋子等精美的工艺品都来自她们的巧手，枕头绣品为其拿手作品。

西和民间刺绣朴素，但又不缺乏变化，常用的针法包括乱针、切针等。图案多以人们生产生活的内容为主题，主要包括花卉类、动物类、人物类等。

13. 濮阳刺绣

妇女如果不会刺绣的话，就被认为是非常愚蠢的。在嫁娶的时候，也很难找到合适的郎君。濮阳刺绣的应用也非常广泛，它们被用于生活的角角落落，有的应用于小孩子的鞋帽上，有的应用在少女的围巾、披肩和裙摆上等。

14. 藏族刺绣

藏族刺绣是汉族刺绣和当地的唐卡结合而成的，丝绸之路的开通促进藏族向汉族学习刺绣的进程和热情，他们不但学习了汉族刺绣的技艺手段，也学习了绣品观赏，提高了欣赏品位。在制作过程中，藏绣更多地体现了佛教文化特色，因此，其制作风格有追求浅浮雕和富丽堂皇的特点。藏族刺绣具有极强的装饰性，许多图案的巧妙结合、相互纽套的结构布局，反映出团结友爱、不离不弃的民族性格。

15. 苗族刺绣

苗族服饰的装饰与汉族有着很大的差别，苗族的装饰手段主要是刺绣与蜡染。苗绣也是主要应用在日常生活中，所以苗绣体现出应用性比较强的特点。其刺绣主要应用于头巾、袖口、腰带、裙子、鞋子及围兜等。

（四）刺绣技法

刺绣技法主要分为锁绣、平绣、挑绣、补绣、打籽绣、破线绣、钉线绣、辫绣、锡绣、马尾绣等。

1. 锁绣

锁绣也称辫绣，产生于商代，是我国最古老的针法之一（见图1-54）。

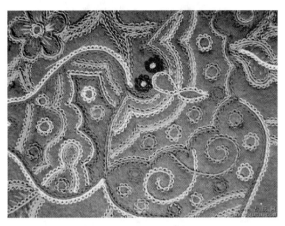

图1-54 锁绣

2. 平绣

平绣是继锁绣之后最古老的针法之一，始于西汉，兴盛于唐（见图1-55）。

图1-55 平绣

3. 挑绣

挑绣又称十字绣等,广泛流传于我国各地(见图1-56)。

图 1-56　挑绣

4. 补绣

补绣也称贴花绣,作品立体感强,其形如浮雕(见图1-57)。

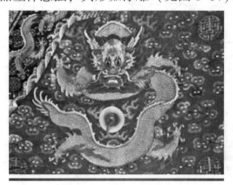

图 1-57　补绣

5. 打籽绣

打籽绣,民间则称之为"打疙瘩",是最古老的针法之一(见图1-58)。

图 1-58　打籽绣

6. 钉线绣

使用较粗的丝线制作基本图案框架，用绣线将图案订到面料上。线路分为明、暗线，明线针脚外露，暗线针脚隐藏，其形如浮雕（见图 1-59）。

图 1-59　钉线绣

7. 连物绣

将金、铜铃、玛瑙、串珠、鱼骨、贝壳等相关物品用线脚连缀在一起，这种刺绣在白族中经常使用（见图 1-60）。

图 1-60　连物绣

8. 编织绣

编织绣又称网绣、花针绣，苗族中常见，同时，苗族也称其为"扳花"。编织绣肌理效果明显，以鱼鳞、龙鳞和鸟类的羽毛为主要表现对象（见图 1-61）。

图 1-61　编织绣

（五）刺绣针法

刺绣是中国传统艺术的重要表现形式之一，在中国，刺绣艺术比较著名的当属江浙一带，其中最为出名且成熟的刺绣当属苏州。民间刺绣主要是为了应用，人们将刺绣作为服装和鞋帽上重要的装饰，古代的官服特别注重服装上的应用，不同级别的官员，其服装刺绣的图纹有着很大的差别。另外，刺绣的发展受到纺织行业的影响，因为刺绣往往是以纺织品为对象，当纺织品比较少的时候，刺绣的对象也就控制在狭小的范围里。随着生产力的发展，纺织业也得到了快速发展，在纺织品增加的基础上，刺绣艺术有了更多的用武之地，刺绣从技术到参加刺绣的人员快速发展起来，据史料记载，刺绣的规模可谓是盛况空前，刺绣人员多为女性，她们因为刺绣，还得到了名为"刺绣女"的称呼。刺绣的工具也发生了很大的改变，绣针的种类不下40多种。刺绣针的不同也产生了不同的刺绣方法，也被称为刺绣针法。在众多的刺绣中，以苏绣最为出名，她们也被称作绣女，在成千上万的绣女的辛勤劳动下，刺绣作品可谓是色彩缤纷，争奇斗艳。初到刺绣作坊里，让人感到琳琅满目，目不暇接。绣女在刺绣的工作中还总结出了不同的刺绣针法，主要有编绣、直绣、盘针、变体、绣辅助针、套针、散错针、擞和针、抢针、平针、施针、乱针等针法。

（六）刺绣分类

刺绣的第一步，设计出好的图案很重要，这些图案艳丽多彩，非常有规律，便于刺绣加工。有的图案色彩缤纷，设计很是复杂，这样绣女就要花费很多时间来加工刺绣，越复杂的图案越是耗费人工、耗费时间，以前刺绣只能用人工，直到现代才开始了机器刺绣。

刺绣的针法有9大类43种，分为套针、齐针、抢针等，不同针法的刺绣产品其特点差别很大，特别是线条效果，风格更是展现手工刺绣的特有的艺术魅力。施针、滚针绣用于珍禽异兽刺绣，绣出来的动物栩栩如生，如果个体和实物一样大的话，真的能达到以假乱真的水平。花卉更多地使用散套针绣的方法，用这种方法刺绣制作的成品往往是颜色鲜艳无比，真实感极强。乱针绣往往用于人物和景观，其目的往往是为了突出线条的变化，产生强烈的色差等对比效果，让观瞻者耳目一新，眼前一亮，豁然开朗，体现浓郁的民族风情和画面。

四大名绣可以视为中国刺绣的四大瑰宝，代表着中国刺绣艺术的最高水平和境界，其产品地域性非常明显，因为刺绣更大程度上用于人们的日常生活，当然也有用于装饰性的，其艺术风格也是特色鲜明，各不相同，自成体系和流派。

苏绣在中国目前还是比较流行的，其做工也体现了南方人的细腻缜密。真正的苏绣可以从做工上看出真假和问题，如苏绣在刺绣的过程中慢而细致，所以其正针脚比较密，也比较均匀，产品总的来说可以评定为做工细腻，品相精美，颜色绚丽多姿，具体表现为细、密、齐、平、光、匀等特点。刺绣题材多以小动物为主，如《猫戏图》，是两面不同的双面绣，两面的猫眼颜色各异，形神兼备，是刺绣中的精品。

湘绣采取写实手段，往往具有强烈的渲染力，其刺绣产品侧重于人们所说的"像"，也就是说其产品非常接近原始物件，形象逼真，栩栩如生。湘绣被世人夸赞为"绣花能生香，绣鸟能闻声，绣虎能奔跑，绣人能传神"。

蜀绣图案比较简洁，以方格、花条等图案为主，装饰性强。采用明亮鲜艳的色彩搭配，正针脚比较密，也比较均匀，虚实结合，立体感强。主要题材为蝴蝶、熊猫等。

粤绣包括广绣与潮绣，始于唐，成熟于明清，最为主要的特点是在刺绣过程中使用了金银线，而不仅仅是用普通的线来刺绣，在具有较高艺术价值的基础上，大大增加了刺绣产品的实际价值。其特点为雍容华丽，富丽堂皇，展现使用者的身份和地位。常用于戏装、婚礼服等，荔枝和孔雀为主要题材。

民间刺绣与民间故事往往有很深的渊源，民间刺绣通常采用民间故事为叙事主线，如《一团和气》的"吉祥如意"神，也被称作是"和气生财""买卖顺手"的运气神；《老鼠嫁女》，赋予童话般的境界；美妙的神话故事，给人们带来了艺术灵感，是人们艺术创作的源泉，《嫦娥奔月》的动人故事就是如此。

在现实生活中，普通的劳动妇女按照自己生活的经验和感受，以及对生活的热爱和理解，先设计好图案，而后运用刺绣把自己对生活的理解诠释出来，也有她们对美好生活的向往和表达，如枕头上的"吉庆有鱼""蝶恋花"，头巾上的"丹凤朝阳""双狮驮柱"，表达人们对美好未来的向往和追求。这些民间艺术品中包含着对生命的珍惜和人类淳朴的感情，更能提高人们审美。

无数辛勤善良的妇女用自己勤劳的双手，借助自己丰富的想象力，发挥自己的聪明才智，把对美好生活的向往一针针融入刺绣作品中，作品展现的不仅仅是作品本身的魅力，同时也展现了古代绣女那种勤劳、善良、朴素的美好形象，作品充满了绣女们的活力和生机。这些刺绣作品不仅表达了绣女的个性，还显示出了不同时代的文化风貌和艺术成就。

（七）民间刺绣的审美价值

最初的民间刺绣并不注重审美，而是注重实用性功能。随着经济发展，民间刺绣开始从人们的日常生活用品向艺术转变，渐渐作为艺术品展现在世人面前。根据社会阶级层次的不同，民间刺绣分为两类：一类专供宫廷朝臣享用，供其生活使用；一类是普通百姓的生活、生产用品。这两类作品呈现出不同的审美，这主要是由于他们不同的文化观念和艺术特点。

刺绣充分体现了民间美术所特有的精神品格，在民族和地方的文化熏陶下，具有不可限量的作用。民间刺绣直接或者间接地反映出人类文化历史演变的过程，同时也为人类的考古研究、民间艺术研究、民间纺织业的发展研究提供了一定的辅助素材。

当前，有些民间艺术中的图腾崇拜、吉祥图案等已经失去了一部分的原始的内涵，而是变成了一种装饰性极强的某种单纯的艺术形式。可是这并不代表现代的人们可以忘却、忽视珍贵的艺术文化。

第二章　民间美术造型分析与价值论

第一节　民间美术造型分析

一、民间美术造型的根源

原始美术是民间美术造型的开端。虽然民间美术的各个门类大不相同，但无一不传达出对生命繁衍的崇拜与关注这一相同的观念。古往今来，民间美术始经围绕着这一主题不断继承、发展、延续、推陈出新（见图2-1）。能看到民间美术造型与原始美术的造型特点如出一辙。在思维与内容表达上，能看出民间美术依然保留着原始美术的痕迹，但在某些图案上却能发现民间美术中的造型中更为丰富、完整，人们的视野也更加开阔，也增加了图样的内涵性。

图 2-1　原始岩画

二、符号的"说道"

中国哲学中的"观物取象"论是我国民间美术形态的一种很好的表达和理解，同时，反过来看，我国的民间美术作品也的确在其发展过程里印证着这种思想理论。民间美术的造型特征蕴含着深刻而鲜活的繁衍生息、生生不息、代代相传的哲学思想，这种思想通过剪纸美术作品的纹样传递着其时代主题和主流文化，同时也体现了一个艺术家或者匠人的智慧。不同的符号述说着不同的"道"，反映的是人们的情商水平和智商境界，比如鱼、蛙代表大地与生命起源之水，代表阴性文化元素；虎、公牛、鸟、蝴蝶等被视为阳性文化元素；龙、鹿、猪、虎等是部族的文化图腾。原始岩画中的太阳造型代表不同图案纹样阐释了不同的内涵（见图2-2）。鼠吃葡萄是将老鼠、葡萄与碗进行组合的画面，老鼠产子经常看作是繁衍之神的子神，葡萄粒粒相连，意为"多"，碗代表的是繁衍的母体，表达的是多子多孙的符号寓意（见图2-3）。

图2-2 原始岩画太阳造型　　　　　图2-3 鼠吃葡萄

三、图腾造影

图腾造影是人们在日常生活里，利用抽象思维和逻辑推理思维提炼加工出一些信息并运用夸张放大、逻辑组合等表现手段。主体对客体的主观能动反应，主体必须具备丰富的生产生活经验，同时能够自觉主动地将自然中的各种元素符号加以提炼概括，将各种文化符号元素在大脑里加工成型后表达出超现实主义的优越特色。这在剪纸大师祁秀梅的《鸟化宇宙观》中体现得尤为突出（见图2-4），在作品集里，髻鬌娃娃剪纸表现了早期人类对鸟的图腾信仰，后来这个造型被广泛用于生活的许多场合，学习鸟图腾成为一种时尚和流行，髻鬌娃娃象征了中华民族的始祖——伏羲，双手托鸟象征着人鸟的和谐同一，人鸟一体，合二为一，人不离鸟，鸟不离人。同时，髻鬌娃娃还是农村孩子生病的剪纸招魂神祇，也是人们对祖先进行祭拜的特殊"符"。这种民间美术独有的寓意和象征，还蕴含着许多未被破解的密码，需要我们进一步去探寻。

图 2-4　祁秀梅剪纸

四、观念造型

民间美术创作的思维方法是在原始古老的思维方式上演化和发展而来的，同原始艺术密切关联，在造型和手法上是一种进步也是一种传承。

原始古老的思维方式和原始的造型是民间美术造观的源泉。现存古老的岩画、彩陶、雕塑都在诉说着原始艺术的文化内涵和丰富的表象模式，复制原有物象并不是民间艺术的目的和初衷，对物象的抽象加工，并将其存储在艺术工作者的大脑里，创作者会抓住瞬间的灵感，并进行夸张放大。在民间艺术造型中，如剪纸艺术、面花艺术、彩塑艺术等都是创作者在特定的时间地点，在灵光降临的瞬间完成独特的创造，实现具象吸收到抽象积累，再到具象发挥创造的过程。

1. 写真型

写真型的造型依旧存在于许多老艺术家的作品中。此类剪纸的可塑性比较强，而且是对称纸张。其创作的主体是人民大众，他们几乎没有任何绘画技法，而是按照自己的理解直接剪裁，再现事物；而且这种图形的样式是祖先遗留下来的，是他们常见又熟悉的题材。人们发现在早期岩画和彩陶中，其造型多借用剪纸中的平涂剪影式的方法，而在人物、动物的造型制作过程中艺术家更多地把视线放到了外形形体上，例如剪纸中的葫芦、天娃娃都属于影像型造型（见图 2-5）。

图 2-5　胡文秀　90 岁老人　嬷嬷人剪纸

2. 抽象型

此类图案多以线条的比例放缩和变形扭曲来表达一定的艺术信息，这些文图的排列似乎是随意的、无序的，但实际上都是艺术家们细心琢磨、认真比对后的逻辑排列。如彩陶的几何图形、剪纸的齿纹、漩涡纹、月牙纹等（见图2-6、图2-7）。

图 2-6　彩陶中抽象的几何纹样　　　　　　图 2-7　线型纹样

抽象型纹样是人们从大自然和所能观察到的物象中提炼而成的，是人的思维观念对未来概念的组合而产生的现实的效果。

3. 夸张型

夸张型是放大改变物象的原有特点，运用夸张手法来放大甚至扭曲物象外在特点的一种艺术手法。夸张是人在无法确定概念形体时对未知事物的想象，言语或者肢体表达出来的一种本能反应。这种造型的夸张源自人的原始思维，夸张的人脸在原始美术夸张造型手法的传承下更具神秘色彩（见图2-8）。

图 2-8　剪纸作品中的夸张造型

4. 合成型

新的剪纸艺术形象是可以通过合成两个或者两个以上的物体形象来得到的，造型的合成方式变化多端，比如有人与花朵、人与祥云、祥云与孔雀、孔雀与桂花等的复合（见图2-9）。这些合成方法在民间美术中被广泛使用并不断推陈出新，向前发展，例如，麒麟就是人们运用形象的合成创造出来的意象，没人见过麒麟，但它的形象在人们的主观想象中根深蒂固，它源于自然又带有人的主观表达，它超自然的奇异造型对人们的心灵给予了慰藉。

在中华民族的思维观、哲学观、宇宙观的直接作用下，产生了民间美术的造型思维方式，它的特点是运用实实在在的媒介来传递视觉物象，来传递文化内涵。

图 2-9 剪纸纹样中的复合型

五、民间美术造型

民间美术的最早起源是原始的、朴素的，甚至被人们认为是简陋的、粗糙的，但正是这种原始的粗糙的东西，在传统文化和群众信仰的影响和指引下，通过众多民间美术艺人的不懈努力和集体智慧，民间美术开创了史无前例的辉煌艺术。民间美术与原始的艺术形式有很多相同之处，甚至可以认为是原始艺术的传承与发展，没有原始艺术的基础，也就没有了民间艺术的存在，原始艺术直接或间接地为民间美术提供了艺术元素，被称为民间美术的源泉。当然民间美术真正的出现和发展也离不开民间美术家们不懈的努力和精湛的技艺，这些能工巧匠们用他们勤劳灵巧的双手在原始艺术的指引和帮助下，让民间美术不断前进发展，并自成一派。

民间美术的工作者中出现了代表性的学者和专家，如左汉中的跨时空透视、靳之林的图腾造型、吕胜中的慧眼可透视、王贵生的无比例透视、刘钻的结构建构的造型观点（见图 2-10 和图 2-11），他们对民间美术的造型方法都有着大同小异的观点和看法。

图 2-10 跨时空透视 慧眼可透 无比例透视 光透视

图 2-11 适形造型法 主题形象展开造型法 无中可生有 画里与画外

民间美术造型方法各不相同，各有特色，如内部法、光透法、完美完全法、凭空产生、元素法等造型方法。

一件民间美术作品的造型可以有很多表达方式，其构图方式也因人而异，作品的各种手法特点在其发展过程中互相促进，互相融合，互相激励。这些特点在作品中会交错显现，不同的作品其特点突出不同，其手法特色也会不同，其无所谓这个多点，那个少点的问题。在艺术创作过程中人们似乎更喜欢打破时空限制，进行空间的扭曲和时空的穿梭，这也体现了艺术家们自由的创作思想，比如在空间方面，艺术家们可能将二维空间和三维空间糅合搭配使用，混淆主观和客观、现实和想象的边际，让世人产生非常特别的艺术体验和感官刺激。

民间剪纸没有形成具体的造型理论，而是历代民间工匠们在长期的实践中积累和传承下来的，为剪纸艺术留下丰富多样的形式语言和表现手法。

民间剪纸艺术家没有局限于写实的创作手法，而是从多角度、多维度来思考和理解实物的本来面貌，去伪存真，去繁从简，将实物的本貌抽象概括，多思路联想，达到意义通神，意义写神，对原有实物加以改造创新，作品被赋予原貌的特色，但又不局限于原貌，是在原貌基础上的加工提炼，作品的创作最终是归于创作者的自我满足与肯定。

第二节 民间美术的价值论

一、传承中国传统文化

伴随着中国社会经济的发展，普通的人民大众结合实际的生产和生活水平，把民间美术继续传承和发扬光大。民间美术是中国的民族文化的独特体现，人们结合当前社会的发展状况，与时俱进，为民间美术拓展新的发展空间。

民间美术是中国民族文化历史上特有的艺术种类，在历史的长河中，经过数代人的共同努力形成关于民间美术大量的文献资料，如《考工记》《释缯》《天工开物》等重要的参考文献，对全面地理解和掌握其发展脉络提供了重要的理论依据。同时民间文化折射出了人文思想和哲学观的意识形态，是对传统美术的思想渊源的补充和完善。

文化从广义的角度来讲，指的是人类创造的精神、物质财富的总概述。民间美术是社会中的最普通的人民群众所创作的艺术表现形式，它是民间传统文化的重要构成，它与文学和艺术等高层的文化表现形式共同筑就了中国光辉灿烂的民族文化。比如在少数民族的节日、春节、端午节、宗教活动、农耕风俗等活动中，为民族或民间文化的正常进行提供必要的道具、服饰和背景等。

二、发展中国特色美术

民间美术的重要功能是以艺术的形态为社会服务，而且形成了特有的文化体系和价值观。美术的创作源泉是建立在原生态的基础上，建立在原始的逻辑思维方式和古朴的造型上，是一门综合性的艺术种类。

民间美术的创作者们主要是文化水平较低和经济收入较少的农民，创作的作品在自发性的、无意识的驱动下，为表达主观的情感，将所见、所想、所感直接地表达出来。作品中以合理的构图、自然的用色、独特的想象进行自由的表现，充分展示了劳动者的聪明智慧和内心的写照。

民间美术是其他美术种类发展的重要条件，在其发展的过程中，是与我国各民族劳动人民群众的生产和生活紧密联系的。在此条件下，与民间美术共同发展而形成不同的美术表现形式，如宗教性美术、文人美术、宫廷性美术。

也就是说，民间美术是重要的艺术之源，也是艺术形式的重要依托，在其发展的历史过程中不停地被提炼、补充、完善，是特有的、朴实的、率真的艺术结晶，是对我国艺术形式种类的补充。民间美术的造型特点是高度的概括性和浓重的装饰味道。这些在客观上反映了中国劳动人民忠厚、朴实的品行。

在颜色的运用上，善于运用对比色和补色。在装饰纹样中，主要是以大自然景观、人物、动物为主题，运用各种装饰纹样，也有部分喜欢运用对称图案。还有部分地方民间美术在绘画创作的过程中，善于运用隐喻的方式来传达对美好生活的憧憬与期盼。

三、反映人民历史生活状态

民间美术是与人类的衣、食、住、行等生活方式紧密联系的，在建筑、环境装饰、服装、食品包装、儿童玩具等方面都可以见到美术的影子。从呱呱落地开始一直到长大成人，美术无时无刻不在伴随着我们，比如小时候戴的帽子样式种类很多，像凉帽、莲花帽、狮子帽、风帽、狗头帽、八仙帽等。帽子的造型精致细腻，活灵活现。布贴图案与刺绣相结合，做工优良，令人印象深刻。在儿童的脖子上围的涎兜，也称为围嘴，造型有莲花形、云形、如意形、虎形等形状，再戴上银项圈和百岁锁，穿上绣花的棉衣夹袄，腰系围裙，这是用五彩斑斓的彩布组合成的纹样，绣上五颜六色的花枝，更加秀丽多姿。在鞋子上绣上五毒，代表着逢凶化吉。还有刚降生的婴儿手戴银项圈，脚圈和铜铃，代表着"锁住蛟龙"。在儿童的满月、周岁重要的节日上，巧手们更是精心准备各种手工艺品，尤其在姑娘出嫁时，更是琳琅满目。

在建筑古院中，在门、门头、石鼓、照壁等装饰中主要有雕刻和篆刻，在回廊、格门、看梁、堂屋、厅堂等内部多用木雕、瓷瓶、桌椅等摆设，房屋结构多运用封闭式的造型，其中滴水墙沿是运用水墨彩绘的表现手法，山墙、砖垛、屋脊的外形结构形似蛟龙升天，在水墨彩绘的交汇中更是锦上添花。

民俗文化的发展是民间美术不断发展的强大动力。在地方性的民间美术中，其造型、色彩和纹样都蕴含着浓厚的生活氛围，在作品的背后则是对不同文化、不同历史时期的生产力、审美、生活条件等多方面的体现，是对中国历史发展研究的重要依据。

民间美术的作品反映着农村的生活方式，是对原始生活的现实情景和朴实的、善良的人性的写照。民间美术的创作来源具有明显的地域性，经常是就地取材，因陋而简，劳动人民把对美好生活的期盼和憧憬融入作品创作的过程中。

四、满足人们的精神需求

民间美术来自人民大众，创作的根本目的是满足自身的精神需要，既是对未来生活的向往，也是以满足精神需求为主要目标的审美活动。

民间美术与百姓的生活密切相关，在生活的各个方面都有具体的体现，这是对美好未来的向往和寄托，是对幸福生活的期盼。

年画是具有代表特色的艺术形式，它是在春节时特有的一种民间艺术品，它是民俗习惯的现实反映，是庆祝重大节日的具体体现，是人们对召吉纳祥的美好期盼。

五、现代社会的广泛应用

在原始社会的生产和生活中，劳动是最基本的生产方式，它是构成民间美术的社会基础。朴实的农民和手工业者是民间美术的主要创作人，妇女占的比例最多，而且是家庭经济的主要来源，以此来换取必要的生活用品。

伴随着社会经济的发展，民间美术涌入城市中，被作为特色产品或旅游商品进行售卖，而且价格也随着市场经济的发展也不断上涨。

在我国经济迅速发展的条件下，民间美术在不同的领域都有着不错的表现，展现出很大的经济价值和艺术价值并受到社会各界人士的赞誉。

中国国际民间艺术节，是一项围绕着国际化的民间艺术进行的艺术交流活动，其目的是向全世界展示中国的创新艺术作品，并与全世界的艺术工作者们进行交流，促进各国的民间艺术共同发展，不断丰富和促进人民大众的文化艺术水平。从 1990 年开始至今，每三年举办一届，来欣赏和交流的观众数以百计。

地方民间美术与现代艺术的发展是息息相关的，是现代艺术创作的源头，是现代艺术在表现形式和内容上的补充，为现代艺术的发展奠定了夯实的基础。例如借鉴地方民间美术的刺绣、剪纸、木雕等艺术形式，现代民间绘画得到启发后而发展起来，运用自由的、夸张变形的、色彩鲜艳等形式和表现手法，表现出淳朴自然、豪放的艺术风格，在美术领域大放异彩。

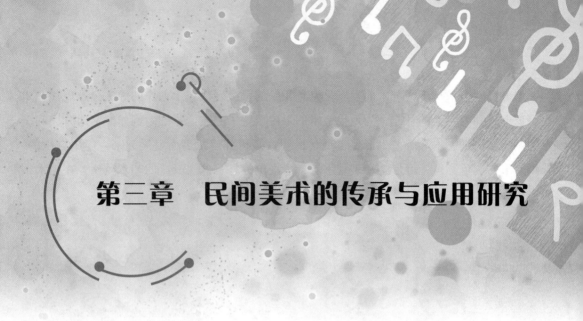

第三章　民间美术的传承与应用研究

第一节　民间美术的传承方式

如何让民间美术继续发展和传承下去？这已经是我们这一代人所要考虑的事情了。一个奇怪的现象显示，虽然大多数人对民间美术持肯定的态度，但是对民间美术的理解只是停留在感性的初级阶段，而这种感受实际上是对民间美术的冷漠与忽视。根据中国民间美术当前的发展现状与情形来看，我们必须深思如何把民间美术保护弘扬下去，不能仅仅停留在保持它的原始风格上，这样只会让民间美术逐渐失去旺盛的生命特征和现实意义。

让民间美术在现代文明的社会中不断发展壮大，在新时代的发展状态下，让民间美术的教化功能得到传承和发扬。首先，从国家的角度来看，要增加一定的资金资助和扶持法规的制定，确定保护政策，加强对民间美术的重视，积极引导，让其在现代社会的发展中以新的存在方式而存在。其次，不断提高人民群众的保护意识，与社会发展相适应，与时俱进，不断创新。

一、加强宏观经济调控，完善保护措施

国家要强化政府管理职能，加强对民间美术市场的管理，提高民间艺术品经营者的管理能力，稳定艺术品的市场价格，禁止不合理的竞争，共同建设供需平衡的市场经济，才能构建可持续发展的机制。

同时要保证民间手工业者的利益。民间艺人在早期的时候虽然付出艰辛，创作出优秀

的艺术作品，但还是非常贫穷。现在的艺术品已经进入市场经济时期，成为商品进行买卖，这在一定程度上保证了创作者的经济利益，但最终获得巨大利益的却是商人。聪明智慧的、辛勤劳动的民间艺人虽然付出了辛苦，但经济收入颇少，这也是市场经济发展产生的结果。而其创作成果只有被博物馆、收藏者等所购买，才能获得收益。所以要维护手工艺人们的经济利益，就要提高他们的经济收益，改善他们的生活状况和社会地位，才能不断改善和加强传统美术的持久性。让民间艺人的经济利益得到保证的同时，还实现了自身的人生价值，使传统美术继续得以良性的发展。

民间美术能够发展的条件是得到保护和抢救，采用各种措施将民间手工艺这门技艺延续下来。为此，我们对民间传统美术主要采取了两项全国性的保护措施，

第一项是民间文艺家协会从美术学的角度进行了"中国民间文化遗产抢救工程"的课题研究，主要从美术学、人类学等不同的学科分类进行了整理，采用了摄影、视频等现代科技技术的综合运用，达成对民间美术的整理、数据库等形式来对民间美术进行保护措施。第二项是通过地方各级部门对"国家非物质文化遗产名录"的调研、申报的程序，通过专家认定后载入非遗名单。值得庆幸的是这些措施均取得了不错的效果，下面就民间美术的保护措施提出相关建议。

①政府部门和相关文化部门通过专家走访、考察、研究等行为措施，把整理后的民间美术资料建立大数据库，并及时进行更新，实行更完善的综合性研究。

②在一些特定民族文化区域，比如在保存较完整的、有独特的艺术特色及内涵的区域，可以组织筹建相关的民间美术博物展览馆，对传统民间美术品进行陈列和展示，让孩子们通过参观和学习，提高孩子们的审美能力，增加对本地域浓厚的乡土之情。

③及时编辑和整理民间美术的资料，并形成专业性的著作和书籍，在民间进行大力宣传，进一步完善民间美术的文化保护。

二、发展民间美术教育，优化传承方式

文化传承是历史文化在当代社会继承与发扬的过程。传承是在不断变化发展的过程中延续的，只有接力者的步伐不断前进，这样的民族文化才能传承与发扬光大。

理论家张道一曾说过，中华民族的传统文化需要我们传承下去。而文化传承的最基本的是对传统文化的保持，让这棵火种永不熄灭、中断。在传统文化中继续发挥出优良的传统精神和品质，这股巨大的能量会产生不可估量的、深远意义的作用。

传承在民族传统文化传播和延续中起着至关重要的作用。传承的主体一方面是创作者，一方面是接受者。但从整个活动的过程来看，两者之间是没有区分的。

民间美术的传承是文化的传播与继承之间不断递进的过程。但其传承的方式却存在一系列问题，存在一定的局限性。所以民间美术传承方式的变革势在必行，不断开拓新的传承方式是传承的关键所在，民间美术才会形成"星星之火，可以燎原"之势。下面谈一下

关于民间美术主要的传承方式。

（一）言传身教的传承方式

民间美术具有很强的根基性，它来自普通的人民大众，是与人们的生活密切相关的带有原发性质的美术。"言传身教"是民间美术最基本的一种传承方式，主要是通过家庭的传授来完成传与承的关系，而家庭传授的方式也就完成了师徒、父子之间最直观的传授关系。

由于民间美术的创作者来自普通百姓，他们是社会的最基层，没有机会接受教育，更不会用文字描述制作的过程，而只会用"口头"的形式传授给下一代。而普通的语言描述是一种直观的、随机的表达，没有任何华丽的辞藻来修饰，是一种淳朴的、自然的表述。

口诀是民间艺人在言传过程中重要的表现形式，这是艺人们在经验的基础上进行整理、总结出来的，能够让学艺之人很快领悟到创作要领。比如皮影创作口诀是"若要娃娃恶，鼻子挨眼窝""文人一根钉武人一张弓"等。

"身教"的方式主要是以师徒传承为主，"言传"要少一些。由于创作者的文化水平有限，他们有时候会出现技术语言表达的困难，于是就通过最直接的操作进行演示传授技艺。接受者通过观察施教者的"身教"，更直接地掌握了操作的步骤和方法。身教成为主要的传播方式之一。虽然手工艺者们的文化水平有限，但却以独特的传播方式进行着技艺的传授。

"言传身教"不仅是一代代中国人育人和做人的重要方式，也是工艺技术传播的重要形式。中国民间文学的流传主要是口头传播的，民间美术也是如此。

民间工匠和艺人没有接受过文化教育，文化素质比较低，技能性的操作不能以文字的方式进行传播，主要是通过语言来传播，将自身的经验传播给后人。

通过言传的方式来传播技艺，采用的是借物达意或顺口溜的口诀形式表达其内涵，包含了历代人对手工艺制作技术的经验综述。这是一种经验的、直观表达的传授方式，让学者能够直接地了解事物，以此来推进再创造的能力。

口头文学的艺术形式没有冗余部分，它是将复杂的物象简单化，在进行物象规律化的总结，是一种删繁就简的特征，因此，民间技艺口头的传授方式也能达到同样的效果。

在民间剪纸艺术中，剪纸又称为刻纸，"剪"与"刻"的不同之处就是剪纸的创作与复制之间的不同。剪纸在手工艺者和接受者之间会下意识地进行再创作，从而形成了明显的具有不同地域特色的剪纸艺术风格。有一个关于剪纸流传的故事：清朝，在陕西周至县豆村有一翰林路家，路家之女读书习字，在闲暇之余会让画师设计出戏剧中的人物轮廓的造型，路家女则会在轮廓内运用程式化的方法进行配花，剪制出了大量的人物窗花。窗花艺术随着路家女的外嫁等原因，流传范围不断扩大。

因此，正是由于受到谱传和物传形式的区域性特点的限制，民间美术也就演变出了形形色色具有地方特色的艺术风格。这种方式也成为普及民间美术的重要手段。从民间剪纸的传播方式来看，物传能够得以传播的主要原因是它具有实用性功能，然后再经过作者的加工形成新的表现形式。

口传的传承方式具有规律性的经验总结和审美能力，不单单是工艺技术的制作程序，更是对创作经验的总结和审美经验的体现。江苏惠州泥人创作的口诀是这样阐述的：泥人造型要"先开相、后装花，描金带彩在后头"；用笔中讲究"直线要直、曲线要曲"，施彩中讲究"红要红得鲜，绿要绿得娇，白要白得净"的经验总结。

民间口头传授经验的口诀，文人把这些经验记录下来，并不是简单的顺口溜，是艺人审美经验的高度概括和总结。在口传心授传播的过程中，歌诀尤为重要。有很多的创作者是民间歌唱家，他们在创作时一边做一边唱，在轻松的环境中完成了作品的制作。而民间美术的表现语言以最直白的方式，不需要任何解释就可以在传播者之间进行流传。如一首剪纸歌谣这样唱道："小白纸，方正正，用它剪纸多威风。南京用它做文章，北京用它画龙凤。"

中国艺术研究院的李莉专家曾经在陕西洛川县城的村子谷嘴村进行调研的发现，"当地的年轻姑娘都有剪纸的好手艺，她们小的时候跟自己的长辈学习，后来自己领悟后就自己创作，剪出自己心中的形象"。[①]

随着社会经济的急剧发展，在一些特殊的表现主题、造型和表现方式相对固定不变外，也会存在相应的创新性改革。例如封建社会保留下来的传统的生命崇拜和伦理道德观，与社会发展与时俱进的条件下，使得人民的精神文明水平得到提高。

情感教育是民间美术教育的关键点，是情感归宿的教育，具有一定的合理性。但从全国整体范围来看，对民间美术教育的广度和深度依然存在不足，全国范围的模式较少，只是把美术教育当作一种业余的娱乐和消遣，不重视美育课程，甚至将课程取消，民间美术教育也就无从谈起了。

口传形式是普通民众广泛运用的主要形式，主要是由于民间美术多数的技艺是靠口诀进行延续的。它与民间故事、谚语等形式具有的浪漫情怀还有所区别，民间美术仅仅是依赖于普通的文字语言来传播和发展的。口诀是技艺的经验总结和概括，而这种经验是艺人与传播者之间产生的技术语言的共鸣，构成了民间美术技艺传播的主要特征，这是历史发展的必然趋势，是手工艺技术达到较高水平后的经验总结。

物传的形式能够直接地让接受者获得知识，是常见的传播方式之一，是实现民间美术普及的重要方式之一。

心传具有综合性特点的传授方式，它是将言传身教、图谱、文字综合于一体的表达方式。创作者们将言传式的理论与身教式的实践相结合，运用言传与物传结合的传授方式进

---

①李莉．正在逝去的手艺民族艺术［J］民族艺术 2003．（1）：85.

行传播，比如父子、母女、师徒之间的传授过程。在这些传授的过程中，他们的技艺经过文人记录、整理、编辑成册，做成典籍、笔记等资料，为后世创作提供重要的范本。

中国人非常看重"心传"的作用。在百姓的眼中"心传"就是创作者自己内心的想法。心传的传授方式主要分为两种，一种是前人留下来的真实的样谱和范本，第二种是艺人的传承，不单单是技艺的模仿，还是一种"悟性"的心理传授。这种传播是无法用语言表达的，没有程式化的模式，是艺人自己对事物内在精神的理解，是个人情感的一种表现能力。俗话说"画从心出"就是在长期经验总结的基础上不断累积的过程。

一位陕西的剪花娘子曾经说过，她的剪纸作品是自己想出来的，没有参考其他作品。这些正表明了艺人创作的审美理念以及其独创性的特点，这是建立在经验基础上的传承。比如艺人在制作民间玩具时总结为"一根尺棒"，这根尺棒是没有具体尺寸的，双手就是尺棒，怎么好看怎样做。尺棒需要手艺人用眼睛观察、用手操作来完成，但心的"悟性"是创造的主要源泉。所以，心传是民间艺人特有的创作理念的传播途径，其中一部分流传至今的花谱样式就是这样产生的。在每件作品的制作过程中，艺人们又运用特有的"随心草"去改造并丰富着每一个艺术形式，当每一件新作品被民众接受后，就会被自然地保存下来。

民间美术技艺表现形式的独特性，具体表现是工艺在传播过程中融入新的方法、表现形式和艺术风格，其中有的是艺人亲手制作的，有的是把程式化的模式借鉴而来的，来源方式是不确定的，但都是经过历代人的积淀、修缮和变化而形成的范本。在民间美术的造型中，不仅具有表现语言的普遍性特征，也是艺人独特性的体现。在这种造型的表现形式下，慢慢地缩小了与工艺美术之间的距离感，形成了固定的模式和互相融合、渗透的方法，使其在工艺技术上两者之间珠联璧合、相辅相成，把工艺美术的巧、能、美的优势发挥得淋漓尽致。

艺人不仅对物传过程中的程式化模式大力支持，也要发扬谱子在传播上发挥的积极性，而它对民间美术的传播有着无法预计的意义。民间剪纸的制作有剪有刻，在陕西，艺人们把"剪"视为创作，"刻"视为复制。剪制的上品人谱可以视为传播的样本，作品被视作谱子保存下来。这是在悠久的发展中优胜劣汰中延续下来的精品，优秀的人谱作品起到审美性于实用性、应用性与普遍性、规范性与程式化的作用。

谱子具有重要的代表意义，在艺术表现样式、技法上是依赖于创作者和接受者公认的基础上，是被大众推崇、承认和接纳、传播的过程。比如剪纸艺术，最初是以实用性为基本目的，优秀的美术作品可以作为样本，进行刻样和复制，满足实用性。在民间刺绣服饰中流传的花样、鞋花，接受者并不是样谱的创作者，而是作品的模仿者，然后大众把这些花样进行传承，给予艺术品新的生命活力，"心里有""画从心出""样在心里搁着"，这些朴实的话语充分显示了民间艺人的创作观念，创作者优秀的品质给予了民间美术新的技艺方法和审美观念。

也就是说，民间美术创作的根本源泉是创作者的思想意识，具有对大自然美好的审美情操。在这样的前提下，出现了不受现实社会的约束，充满了对大自然力量的感情，不仅仅局限于作品的临摹以及程式化的再现过程，才会有能力表达不同于其他艺术形式和表现方法的艺术创作。心传不是与物传、言传对立的，它们之间是相辅相成的，相互结合的民间技艺。它是艺人的随性刻画的物化形式，是欣赏者之间心领神会的重要传播媒介。

从以上来看，民间美术的传播是通过言传、物传和心传三种主要方式来完成的。其传播是通过家庭、行会、行帮的途径完成，在理论的传播上是通过画诀、塑诀等形式的口诀来完成的。这些方式和方法为技艺的传播提供了众多的途径，也是作者在艺术作品中内在精神的表现，具有鲜明的艺术特点和表现形式，是民间美术的重要组成。

（二）艺诀流传形式

艺诀是民间美术重要的艺术理论。是人们在生产和生活中经过实践经验的积累和创作的过程中，艺人们把许多创作经验进行总结，采用民间的文体形式记载下来，比如在年画的创作中多采用纯色和白色底进行对比，桃花坞的年画讲究朴实高雅，朱仙镇年画的"九色"用色具有独特的艺术风格。所以，根据不同的用色方式，艺诀也能反映出各自地方的特色。

由于受工艺特征存在的差异性等多方面的影响，艺诀是民间美术学习和制作的重要材料和参考，是民间美术传承的重要因素。它具有比较稳定的形式特点，也显示了区域文化的思维方式和审美特点，具备优良的传播条件。艺诀的规范化直接决定着民间美术的表现，这从不同的角度反映了民间美术创造性的特点。

民间版画工作者曾经言道：张口说话要吉利，才能符合人的心理；人品要端正，才能让人喜欢。这一段文字既有古书记载，又有民间流传，成了民间美术的独特之处。其形象地概括出了民间美术的技艺原则，亦是人们创作的依据所在。

艺诀是民间美术的创作方式，它的功能主要在于其操作性明显，强调技艺的关键之处。它具有方便、灵活、宽泛、自由的传播特点，它是理论性规范形式的支撑。因为现实生活的各种原因造成了它传播范围狭小的现状，但从整体来看，它却拥有了可重复、可比较、可再创造的操作性特点，还拥有了很强的专业性和秘传性。因此，它成了生活能量的活化剂，而不是文化需求的枷锁。

艺诀的创作方式与制品的谱样相同，呈现出很强的规范性，它既是民间美术创作的重要参考资料，又是民间美术文化发扬与传播的重要方法。它不仅融入了民间美术物化的表现形式，更将民间美术的主题表达与表现形式进行了独特的再创作。

艺诀的表现形式展现在各个方面，例如造型、颜色、图案、工艺性。在民间版画中文人及武士的构成、样式、数字、方向等是最为常见的。它与民间美术创作内容、形式的传承有所不同，艺诀是进行提炼后形成提纲挈领，是最简练的概括和总结，是艺人的"必由之路"。

民间版画中跟形象相关的艺诀，有人物和动物，表现出了繁简结合，虚实相融的特点。形象中大与小的比例对比变化可以反映出来，这样的形式方便了我们对它的传播和形象的再现。在人物中文人与武人的描述各不相同，有"文人一根钉，武人一张弓"的提及，也有贵妇、寒士等说法；对于动物的说法有"十斤狮子九斤头，一条尾巴背后头"等。

艺诀的流传主要是抓住形象主要的特点，进行提炼概括，使之成为艺人们共同参照的规范。即使只有一句简单的话语，假设从艺者能够明白其中的关窍，了解其中的要领，其他的部分也能做到应变自如。就像"文人一根钉，武人一张弓"中，人物的形象概括为主要的特点，至于其他的内容便虚实结合，仍能做到形象神韵极佳。

虽然口诀的传承给一辈辈艺人们提供了简便有效的表达方式，但也给艺人们留有自由表现的空间，这是技艺传承的独到之处。不管是对于创作者还是欣赏者来说，都具有相同的制约性和开放性，中国人的审美表达完全可以接收这种概括式的传承方式。形象的艺诀中的小部分内容也超出了人们的传承范围，变为普通人民大众口口相传的流行语，也是对创作作品的最后的鉴定标准和审美标准，人们用这种方式来衡量作品中的优点与不足之处。

色彩艺诀的流传是经过艺人们的整理、再加工后形成的，具有规范化和普遍性的特点。当样谱没有达到规范化的标准时，就会有相应的色彩艺诀产生，比如在民间流传的"红靠黄、亮晃晃""粉青绿、人品细""红忌紫、紫怕黄、黄喜绿、绿爱红"等口诀。

艺诀存在工艺、地理位置、风俗习惯等方面的不同，于是造就了不同的配色习惯。艺诀的内容十分丰富。同样都是民间木版画，但是佛山却大多采用金色来进行装点，代表作品有《十指钟馗图》。在唐代著名宫廷画家吴道子的《钟馗捉鬼图》谱样中是这样记载的："衣蓝衫，一足，眇一目，腰易巾首而蓬发，以左手捉鬼，以右手抉其鬼目，笔迹遒利。"在宋朝年间的钟馗像根据此样谱进行了最早的木板年画的印刷，并一直在民间流传，甚至在民间绘画和雕刻艺术中，依然是按照此样谱进行设计与制作。所以，画诀或经过形象化的描述后归纳的画诀，对后代的绘画以及工艺造型的影响是非常深远的。

民间美术的技能和创作方法大多采用民间美术的技艺口诀来进行形象生动的记录。这些总结性的口诀，与创作者的技能和材料的性质等各种因素紧密相关。例如剪纸，它强调纸的工艺性、不同的折叠法和剪刻三者之间的关联性，比较注重的是对塑造形象的刻画过程。年画以及民间彩绘中的色彩运用，创作者们根据颜色的特性进行非直观现象的总结，只为防止在运用的过程中出现纰漏。

在民间美术中不同的表现形式其技艺口诀是不同的。技艺口诀的总结包括不同表现形式在制作中的方法与程序，材料的选择和不同地域的审美要求，是一个系统的完整的过程。这些口诀不同于文人绘画的理论，民间美术的技艺是以人民大众的审美特征为主要的

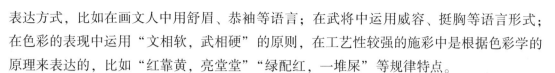

表达方式，比如在画文人中用舒眉、恭袖等语言；在武将中运用威容、挺胸等语言形式；在色彩的表现中运用"文相软，武相硬"的原则，在工艺性较强的施彩中是根据色彩学的原理来表达的，比如"红靠黄，亮堂堂""绿配红，一堆屎"等规律特点。

艺诀是民间美术重要的传承方式，并以鲜明的、独特的形式在民间广泛流传。在语言的表述中运用一目了然的概括方式，为艺人们提供了重要的依据。由于技艺口诀的表达方式非常清晰，在进行大量作品的制作时，能够满足艺人们的需求，为艺人们提供了准确的参考依据和正确的内容选择。

可见，艺诀对于民间美术的发展起到保护和推动的作用。首先，它对于民间美术作品的保留起到传承的作用，艺人们为达到自己的要求，明确自己的制作内容，节省大量的时间和精力，为创作者提供了一种无形的动力。其次，口诀的产生为艺人们的创作提供了便利的条件，只要按照口诀的方法就可以进行作品的制作。最后就是口诀起到了传播的作用，拓展了民间艺人的数量。民间美术工作者们的创作作品是建立在前人经验以及对范本临摹的基础上，不仅可以提高技艺的水平，还可以补充大量的艺术作品资料，从而起到一个良性循环的作用。

艺诀为民间美术的创新性发展提供了坚实的基础，这是广大人民群众智慧的体现，是集思广益和众志成城的精神境界。人们以此为范例指导，同时又不被它所束缚而进行再创造活动。不管是作为民间技艺的传播还是民间文化的承传，不管是过去、现在还是未来，它都有着不可磨灭的价值。

艺诀造型的基本特点是"人品俊秀"，人物造型要求有俊、秀、美的特征。这不仅是民间美术造型的基本要素，也是民间美术中审美观价值的体现。

民间美术的创作具有"画中有戏"的艺术特点，也具有普遍性。因为不同的题材就有不同的故事，每个故事可以说都是一场戏，甚至在每一个美丽的纹样背后也有一个精彩的故事。画中有戏的目的是让人们在对历史典故和大众智慧的重复观赏中能够达到"百看不腻"的审美能力。"出口要吉利"这个艺诀同样也展现出了民间美术的审美性，是一种特有的母体文化形式，换言之，就是画面题材中审美关注的中心内容。而这种关注中心并不仅仅在木版年画中有体现，在民间美术的每一件创造作品中大多表现为吉祥平安、顺风水水的生活期盼。

艺诀主要有"画诀""塑诀""剪刻诀""绣诀"等不同画种的表现形式，艺诀是艺人对长期经验的一种总结，是文人运用民间文学、谚语、歌谣的形式进行表述，是一种简洁、易懂、流畅的语言，并具有一定专业性的表达方式。

具有总结性的手工艺创作、运用绘画口诀记载前人的经验总结形式的传承，在中国的历史上非常久远。春秋时期的《韩非子》曾有对人物肖像刻画进行经验总结的艺诀："刻削之道，鼻莫如大，目莫如小；鼻大可小，小不可大。可大，大不可小"。唐朝时期著名画家吴道子的壁画是世代画家学习的楷模，他总结了"弯弧挺，植柱构梁，不假界笔直尺，虫须云鬓，数尺飞动，毛骨出肉，力健有余"的艺决，他总结了许多绘画理论上的画诀，广泛流传于后世。

(三) 文字、图谱记载形式

殷商时期文字开始发明，文字具有较强的传播作用，这为民间美术的发展提供了有利条件，并为美术奠定了媒介传播的基础。借助于文字的特殊功能，出现了民间美术相关理论知识和样谱等专著，比如先秦的《考工记》，东汉时期的《四民月令》，唐朝时期的《工艺之法》和《初学记》，明朝时期的《天工开物》等不同时期的优秀典著。

民间美术的重要门类之一绘画在以物传承的过程中，主要通过花谱、剪花样谱、影戏谱、年画版样等不同形式的谱子样式进行传承。虽然表现形式不一样，但都是对固定模式的范本进行临摹，这些范本有的是艺人自己进行绘制，有的是集体创作而成，也有的是通过对其他形式的学习和借鉴，经过总结后改编而成。

虽然他们的来源不同，但都是祖祖辈辈的艺人们经过日积月累的经验总结，经过逐步完善或修葺再创作后编撰形成的临摹范本，文字和图谱记载的传承方式不仅有利于民间美术的普及、发展，还有利于民间艺人进行深入的技艺交流和沟通学习，从而不断提高技艺者们的水平。

(四) 民间艺术品形式的传承

民间术品传承的形式是以具体的实物作为一种媒介流传下来的，它具有独特的传承特点，艺术品不是在艺人之间进行的传播，而是通过艺术品的购买者将这门技艺进行不同区域的传扬。这种通过商品买卖而进行传承的方式，使得民间美术的传承实现了方便、传播广泛于一体的形式。

在民间艺术中，年画、剪纸等艺术种类的传播都是通过画谱、样谱的形式进行的。甚至是在不同材质的雕塑种类之中运用摹本中的程式化的方式，把民间技艺中的创作方法和表现形式进行传播和发扬。当然，事物的发展都有其两面性，物传不足的地方不能进行直接的传授，不能用经验性的指导方式进行指导，要通过样谱的方式进行传播，使得艺人获取口传、心传所不能及的直观信息。这样能够打破家庭、地域性和年代的各种局限，给本行业的众多艺人提供了临摹或再创作的基础，甚至是直接将物传的信息储存运用在自己的工艺创作之中。例如技法、造型模式、画谱等，可以做到流传上百年甚至更久，仅通过口传这一方式是无法继承下去的，还要通过实物传播的形式进行艺术的延续，并把民间美术进行技艺的创新性变革。换言之，艺人的再创作离不开物传等传播形态和技能方法等因素，从而进一步促进民间美术的发展。

物传的传播方式是通过不同种类的谱子形式进行流传的，比如画谱、剪纸样谱、戏文样谱、年画版样等。无论是从传播的范围还是时空距离，物传具有十分重要的意义，物传

与心传、言传相得益彰，构成民间美术传播的主要形态。

三、现代媒介的传播

伴随着社会的现代化以及工业化的高速发展，现代媒介在民间美术传承中呈现出巨大的推动作用，传统的传承形式受到了严重的打击，涌现出了丰富的传播方式，比如：电视、网络、卫星等形式，这与传统的传播形式相比可以说是天壤之别，民间美术的传播形式发生了翻天覆地的转变和变化。在艺术创作中的表现形式上无论是外在形式还是内在的内容，都发生了明显的变化，很大程度上改变了民间美术的原生态、原位性。在现代媒介传播的影响下，艺术家作品的表现力以及影响力都有明显的增强，不仅扩大了受众群体，同时获得了更高的审美价值，成为文化产业的一种特性。少数民族在传统艺术方面上存在着明显的地域性特征，而传统民间艺术也要在这种条件下表达与传承，这样才可以保持原生态、原位性。与此同时，虽然艺术作品通过媒介传播具有一定的优势，但也存在交流方面的局限性，总体来说，艺术作品在现代媒体的推进中得到了更广泛的推广。

从目前的发展状况来看，民间美术能够得到进一步的发展和普及，我们还需要从不同方面来提高和改善民间美术的传承方式。在当下，民间美术的普及还存在着封闭性、狭隘性的不足之处，这就阻碍了发展的速度和普及程度，我们只有勇于创新，开拓出新的传承方式，不断地壮大民间美术优秀人才的力量，通过各种方式把个人传承转变为社会性传承的途径，勇于开拓民族美术教育的潜在资源，弘扬中华民族的文化成果，提高我国的精神文化发展，拯救和保护好我国重要的民间文化资源。

民间美术是我国文化生产力的主要构成之一，要让我国的民间美术在新一代孩子们中焕发光彩，可以通过教育的手段把我国的优秀传统文化进一步发扬。学校教育是孩子们受教育重要的渠道，学校不仅可以教学生学习文化知识，也是保证孩子们身心健康成长的驿站。学校教育中可以把民间美术与美术教学进行结合，让孩子们初步形成对民间美术的认识，在认识中不断深化，形成一种良好的教育循环模式，对民间美术进行传承和保护。

当然，我们所说的美术教学内容并不是生搬硬套，而是在教学中融入符合儿童心理特点的艺术种类，比如像孩子们喜欢的剪纸、风筝等内容；在教学的过程中，可以通过教师制作、艺人传授等直观的教学方式，不仅可以让课堂氛围活跃，还可以在儿童的心里种下一颗艺术的种子；也可以适当渗透民间美术中的编织、雕刻等形式，通过学生们的动手实践制作来激发学生对民间美术的浓厚兴趣。

四、结合现代艺术形式，丰富表现手段

受市场经济的发展、外来文化的进入、人才和资金缺乏等不同原因的影响，民间美术正处在一个非常尴尬的时期，甚至有些艺术种类即将失传，形成这种情形的主要原因就是

缺乏一定的创新意识。创新是中华民族不断发展的动力，想发展就需要创新。科技需要创新，经济需要创新，教育需要创新，文化同样也需要创新。在民间美术继承和保护的过程中，需要我们与时俱进，与现代的艺术表现形式相结合，对其进行创新和改革。久而久之民间美术形态会变得更加活跃、更加贴近人们的现实生活，同时将艺术的内涵与艺术的美感完全地展现给当代人。

当下生活中的人们在讨论民间美术的传承问题时，谈论的内容主要包含以下几个方面：首先是在本土文化的角度进行民间美术的原生状态下的保护和抢救；其次是在非原生状态的环境下，把民间美术与当代社会进行结合，从视觉传承的方面探索民间美术的传播。在民间美术的传承的方式中，民间美术自身元素的传承存在一定的封闭性，从本质方面进行分析，这一方面对于现代社会的传播没有益处。当代民间美术的传统元素如果要进行传承和发扬，如果想固守其本元性就需要改变，必须与现代社会相结合，秉承多元化发展的传承观念，这种方法就是从外围来发展民间美术的传承需要，通过这种方法来促进其生存和创新，与此同时也促进了当代文化的创新与繁盛。

现代社会的急速发展，人们生活的条件、方式以及审美理念都发生着深刻的变化，这无形中对传统文化的发展起到巨大的冲击作用，但民间美术的影响力绝不会消失，它以一种无形的力量在我们现代生活中发挥着重要的作用，而且永远伴随着我们。所以，我们要发挥民间美术的优势，继续让民间美术融于现代社会的方方面面，把民间美术的艺术种类、表现形式等内容进行创新性的变革，做到既有民间美术的原始性，又有现代社会的时代特征。比如 2008 年北京奥运会的"福娃妮妮"的造型，就是把民间美术中风筝艺术造型的特点，运用燕子的造型并结合其象征意义，寓意着心情的愉悦和对美好生活的祝福。"福娃贝贝"运用江河中自由翱翔的鱼娃的原型，"鱼"和水寓意着繁荣和丰收，吉庆有余，代表着祖国的繁荣昌盛。民族的就是世界的，"福娃"在向世界展示中华民族的文化历史。香港凤凰卫视的台徽，设计者采用了凤凰的造型特点，舞动的翅膀带有强烈的运动视觉效果，凤凰的形象寓意着美好的前景和幸福的源泉。

以上案例充分说明了我国传统文化与现代文明相结合的艺术特色。虽然两者存在着社会属性的不同，但也存在着相似之处，民间美术与现代艺术的结合，不仅丰富了艺术的表现形式，符合社会的发展规律，能够与时代同行，在传承民族文化的过程中进行创新性发展，创造出更具中国特色的民族精神和艺术文化。

传统美术文化是美术的源泉。虽然在现代社会发展中困难重重，但我们相信，只要不忘初心，不忘历史，勇敢面对，与时俱进，不断挖掘民间美术的文化价值，符合现代社会的发展，积极探索其在现代社会的落脚点，就可以做到与现代社会相融合。这不仅仅是对传统民间美术的回望，更是对现代民间美术的展望，在当今社会中，民间美术必然会呈现出长久不衰的艺术景象。

第二节　民间美术与中西方现代美术教育的融合

新时期，新气象。面对现代社会的高速发展，在这样一个全新时刻，民间美术面临着新的机遇与挑战。学校教育是现代美术教育的重要基础，是服务于社会发展的重要途径，是实现现代美术教育和培养新型美术人才的重要手段。

民间美术教育担任着中国传统文化挖掘、整理、创新的任务，根据孩子的年龄特点和教育目标的要求，要循序渐进地融入儿童美术教育中，进而促进孩子的德、智、体、美全面发展。美术教育的形式是多种多样的，可以是校内教学，还可以是社会教育、家庭教育等教学形式。

教育是传承和发扬中华传统文化的重要工具和手段，对弘扬民间美术具有重要的价值和意义。

一、提高人文素质教育的培养

现代科学技术、社会经济在持续不断的发展中，确立了以素质教育、终身教育、大教育的人文观念，人们充分认识到了想要在专业教学中包含时代特点，同时还要符合中国国情的教育，前提就是必须有利于学生人格的完善，同时要提供促进学生发展的精神和情感动力，从而造就一批高素质、高尚人格的全面发展的创新型人才。

（一）人文素质的表现

人文素质中的"人文"取自于《易经》，是人们在人文方面的综合素质或发展程度，强调的是人的精神追求的理想主义，是内心的感悟，是灵魂的熏陶，是情感的转变。科学、实用、人文、理想是人类生存和发展的重要价值取向。

人文素质包括以下内容。

（1）人文知识的必备，主要是人文领域方面的基本知识。

（2）理解人文思想，是人们独特的民族特点、个性色彩、鲜明的意识形态，核心是中华民族最传统的、最根本的思想理念。

（3）掌握人文方法。人文方法简要概括就是在实践中要与本区域的独特文化内容相关的知识。

（4）遵循人文精神。人文精神从根本上来说就是人类文化或人类文明。人文精神的具体表现就是中华民族的精神，是在新时代下给我们带来的新面貌。人文素质的最高表现是具备高度的全民素质，这是每一个公民都应该为之努力的目标和责任。

现代美术教育凸显出人文素质教育的意义，在人文素质中贯彻美术教育，是符合美术教育的最终目标。在现代美术教育中，学校教育是重要的传承手段，不仅培养孩子的美术技能，也是为了与社会同步发展，做到塑造与时俱进的人才。在当今社会，我们需要的是综合性的美术人才，是具有人文和民族精神的美术人才。我国的民间美术是中国的劳动者集独特精神、气质和智慧为一体的文化形态，它种类众多，风格各异，在实施人文素质教育中，将民间美术融入美术教学中去，能够提高孩子们的审美，人格的塑造具有明显的作用，不断推动民族文化和民族精神的发展。

（二）民间美术与人文素质教育的结合

基于目前新课程改革的形式下，民间美术的内容正慢慢渗透到学校教育中，把民间美术的表现内容、表现形式的特点贯穿于美术课堂教学中，让孩子积极参与到民族文化的学习和创新之中。

在当今，现代教育日新月异，美术教育的发展目标是进行人文素质教育的转变，是培养创新型人才。现代美术教育课程的基本理念是要了解祖国优秀的传统文化艺术，尊重世界的多元文化发展。在这里我们要充分挖掘民间美术课程的潜在资源，努力改变，做到课程多样化。

民间美术能够向我们展示不同的地方特色以及其独特的艺术感染力，向我们传递着民族浑厚的历史积淀，是人类智慧经验总结的典范。

人文思想是人文素质教育的表现。人文思想具有较强的民族性、独特的个性和明确的意识形态特点，文化理念是人文思想的核心。中国的民间美术是人民大众在漫长的岁月中不断积累、演变而形成的，具有明显的民族气质、地域特征突出的艺术形式。民间美术是人们现实生活的真实反映，也是人民大众精神寄托的表达方式，具有中国不同民族历史特点、不同地理特征、不同文化语言的一门具有综合性特点的艺术形式，呈现了中华民族的内在底蕴，也表现了人民大众在生活中的情趣。而且民间美术具有较高的欣赏价值，这都得益于劳动人民，他们将本民族的审美意识融入其中。民间美术是人文素质教育不可或缺的部分，学习民间美术和人文素质教育需要我们走到劳动人民的身边去，通过我们的亲身实践去感受其中的内涵和精神，在亲身感受中理解到它的真谛。同时引导学生走出课堂，在课堂外和实践中操作中去亲身体会，引领学生对民间美术的好奇心求知欲。

人文素质是人民大众文化素养的集中表现，民间美术的特点与人文素质教育的表现是一脉相承的，因为民间美术与人文素质教育所表现的内容是一致的。当今社会背景下，现代文明在给人民大众带来物质享受的同时也产生了一系列的负面影响，如物质需求和精神境界的不一致，人与自然的不和谐，现代人们内心产生的失落、焦虑等不健康的心理疾病。

在美术教育的引领下，孩子们通过在口手相传的本土民间美术的体验中，能够感受到我国人民大众的智慧和才能。同时在课堂中进行关于人文素质的教学，通过渗透式教学，不仅扩大了孩子们的知识领域，还能够补充孩子们的知识结构，进而弥补美术课上缺失的文化素质情景，因此民间美术教育对提高孩子们的人文素质具有非常大的意义。

课堂教学是美术教育的重要形式，是校园文化的主要教学手段，而培养学生人文精神和人文素质是校园文化建设的重中之重。为了实现我们的教育目标，要根据学生的年龄特点，在学生理解的基础上适时引导，同时在民间美术教学活动中进行教学形式多样化的教学形式，完善美术教学课程内容，依靠教学制度的合理管制下，架起无形的人文素质教育的渗透式影响。美术教育在培养学生的动手实践能力和创造能力发面起着重要的作用，能够激发学生的想象力、动手能力。将民间美术纳入现代美术课程之中，给学生提供了循序渐进的德育、美育、心理健康、意志锻炼等多方面的学习机会和学习材料，让学生在这个过程中形成积极的、向上的学习态度和生活习惯。帮助学生充分理解民间美术的内涵，激发学生的人文修养在民间美术中的发挥效果，在美术教育中传承我国的人文素质精神，在各种民间美术的教学活动中，强化学生的人文素质教育的作用。

美术教育是艺术学科的重要门类，在美术教育中既有人文精神的体现，也有人类文明的内在表现。在美术教育中能够提高学生的人文素质，在学习中要分别从审美性、生活化、学习方式等不同方面来完善自己，同时加强个人的专业修养和人文素质的相互结合，实现美术教育的教学目标，也就是培养全面发展的有着独立人格的人。实现现代美术教育中倡导的素质教育，要求我们重视民间美术与美术课堂的结合以及提高人文素质的教育，把民间美术融入美术课堂的实践教学中来。

二、民间美术与中西方现代美术教育的融合

中国民间美术培养与时俱进的、满足社会发展的高素质的人才，需要与中西方绘画融合发展。现代中国的发展与多种事物、各种领域发生着碰撞、融合，比如网络、多媒体等快速发展，在虚拟的时空中生活和学习的孩子们，内心变得急躁，不符合实际。孩子在家得到父母精心的照顾，没有机会参与到家庭劳动和社会实践中去，不能体会到生活的压力和辛劳。通过民间美术创作过程的学习和实践体验，能够帮助孩子们了解民族传统文化的发展历程和精神内涵，陶冶学生的艺术情操。

（一）西方现代美术教育趋势

西方教育理论是建立在以工具论和本质论两种观点的基础之上。工具论的观点是美术教育的教育性价值，美术教育是能够帮助孩子们健康的成长，并能够完善人格教育发展的工具。工具论主要关注的是学生在学习美术课程中的过程，并不以学习的结果作为主要的评价手段。在教学方法上，工具论也是关注学生的学习过程，在学习的过程中要按照学生的身心发展特点，慢慢地引导学生进行自我发展，同时，评价方式也是按照学生身心健康发展的特点作为衡量标准的尺度。

工具论作为西方现代教育理论之一，是以学生为中心，从学生的兴趣和爱好出发，让学生在学习的过程中总结直接经验和间接经验中的经验积累。所以，当代美术教育应该以学生的兴趣和爱好进行人文素质的教育，在学校教育中进行民间美术教学活动，在教学活动中注重学生的体验与感受，这样才能够顺应学生身心的健康成长。

本质论是西方现代美术教育的主要观点之一，关注的是掌握的知识形态是独立存在的，是能够被我们所掌握，为我们所应用的。教材是对知识的本质和内在结构的记录。美术教材知识的内在结构是编者依据课程内容的理解和教学的经验整理总结后形成的，民间美术教育是以学生身心的健康发展为基础，围绕着学生展开教学，同时也要注意教材的灵活掌握和运用，教师要在教学中运用自己的经验和体会，有特色地进行讲解。

西方的现代教育理论是不同年代的产物，由此产生不同的教学目标、教学过程和教学方法。由于其工具论和本质论存在价值取向上的不同，对学习的重点和内容的关注也不同。由于工具论是建立在实用教学理论的基础上，所以注重的是围绕学生的兴趣开展教学，目的是促进学生身心的健康成长，促进学生主动学习的能力，促进学生创造性思维发展的能力。但是也有其不足之处，由于主要围绕学生的兴趣点出发，对美术技能的掌握关注就少，教学就会出现不平衡的现象，从而就减少了美术知识和技能的获得。所以在这种教育理论下，就不可能培养出具有丰富的美术知识和技能的儿童。

在现代社会发展中，社会更需要具有创造性思维的人才，为了达到这种社会需求，只有拥有广泛丰富的知识才能达到需求。本质论与工具论在中心理论的认识上是完全不同的，本质论注重的是以系统的知识进行教授，对教师在教学能力方面是有很高的要求，而且教师讲解的重点以教材为中心。在教学中比较注重学生的艺术鉴赏能力、创作能力、审美能力的水平，但对学生的学习主体性思维和创造性的引导开发不够明显。本质论对教材和教师的要求很高，对课程的设计和教材的编制也很严格，但会让教学走向程式化的、枯燥的道路。通过工具论和本质论这两种理论的对比，可见它们拥有各自的优势和不足。因此，我们在进行美术教育教学时，不能只运用其中的一种，而要兼顾两种理论的不同优势，根据我国当前人文素质教育的要求和目标，结合现代美术教育的现状，予以合理吸收和借鉴，中西结合，促进我国美术教育的发展。

(二) 中国民间美术与中西方艺术的融合

民间美术是普通人民大众，是劳动者的艺术，它的根基性在古老的乡土文化中，代代相传，是一个民族文化发展脉络的展现。一个国家的民族文化深深地植根于生活的沃土中，可以在生活中的方方面面显示出文化的特征。曾经在一段历史中，民间美术被认为是难登大雅之堂的事物，被无情地排除在艺术典籍之外。但民间美术是人民大众的艺术，是植根于民间的艺术，几乎没有受到外部势力的影响，与其他文学艺术形式相比，能更形象、更直接、更全面地体现中国的民族文化发展史。

民间美术在中国的历史上源运流长，其深厚的文化底蕴是中国美术史上宝贵的资源和财富。民间美术的产生、传播和发展是与百姓的生产和生活方式密切相连的，它反映人民生活，表达人类的崇高理想和对美好生活的追求。我们要借助于历史遗留下来的优势资源，依托民间美术浓厚的文化底蕴，塑造独特的民间美术形式。民族的就是世界的，中国的民间美术是世界艺术的重要组成部分，这是中国的文化史，也是世界文化的重要组成。

中国民间艺术的构成主要是诗、书、画相结合的形式。明朝时期的民窑作品中，借用文人画的艺术特点，在瓷器中的装饰纹样美不胜收，甚至官窑的制作也是无法相媲美的。在民间瓷器的绘画中，其笔调丰富，造型丰富，表现形式种类繁多，有写意、装饰等不同形式。民窑作品的绘画讲究意境之美，意在神似，无论是山水画还是人物画，其用笔简练，线条概括，描绘人物的造型，清新明丽，耐人品味。民窑在装饰纹样中的创作是官窑无与伦比的，因为这是从劳动人民智慧的结晶和经验中总结出来的。

在四川绵竹年画作品中，制作方式主要采用半印版画的方法，先把刻板印出黑色线条，再进行上色。由于画工的技艺高低不同，在同一幅画样上经常出现因用笔的不同而形成不同的艺术风格。其造型和色彩用色大胆，对比强烈，形成鲜明亮丽的色调。在西方现代装饰画中借鉴了原始艺术的痕迹，背景以中国戏剧人物的形象呈现，并结合中国艺术的造型和图案纹样，巧妙地将作品中的人物和谐地结合在一起。

在西方现代美术作品中，有许多艺术作品采用中国民间美术的构图形式，采用色彩强烈对比的方法进行创作。现代美术教育教学过程中可以结合西方艺术的特点和方法，这有益于学生个人和社会情感、态度和价值观的形成。

第三节　民间美术在现代美术教育中的运用研究

在现代社会商品经济发展中，人们的人文素质精神相对缺乏，现代美术教育为适应社会发展的特点，提倡回归人文素质教育的美术教育模式。

民间美术的创造者，他们既不是文人画师，也不是宫廷画家，而是我们最朴实的、最勤劳的、带有乡土气息的人民大众。民间美术代表着人民大众对未来生活的期盼，是人民大众智慧的展现，是人们对精神境界的追求。在追寻艺术的长河中一旦缺少了人类精神的追求和对生活引导性的价值失去了关心，其结果必然会失去对美术教育意义的思考。民间美术是与本土的风俗习惯密切相关，是独特的本土艺术气息的表现形式，这值得我们去学习、探索和发展，需要我们积极挖掘，不断丰富民间美术的内容，对促进民间艺术的传承和发展具有非常重要的意义。

一、民间美术在学校教育中的现状分析

民间美术进入到代美术教育课程中的时间并不长，各个环节还处于研究的初期阶段，存在一定的不足之处。

第一，美术在学校教育中处于边缘化课程，民间美术更是如此。美术教育在学科教育中处在被忽略的地位，在学校教育中得不到重视，课时量安排较少，在部分中小学教学中甚至被其他学科占课，甚至在一些偏远学校，并没有专业的美术老师任教，造成美术课质量低，学生得不到美术技能的专业学习等局面。

第二，美术教师对于民间美术的理论知识知之甚少。虽然大多数美术教师是在正规的美术专业中培养出来的，但由于接受的是西方的技能与教学理论，而对于民间美术的了解和实践甚是缺乏，对民间美术的知识了解不够全面深入，课堂上的内容只是民间美术表层的知识，学生不能真正了解其内涵。学生只能在这样的条件下，进行简单的模仿，很难产生创新性的作品。学生在学习的过程中也是单调乏味，只能接受简单的表面知识。

民间美术是人民大众对中华民族情感表现的综合产物，是人民智慧的展现和对未来生活的追求和向往，是情感的教育。教师在了解民间美术蕴含的价值底蕴中，具备了民俗学、艺术学、人类学、宗教学等知识的储备后，在教学中运用丰富的教学方法，才能让孩子们感受到民间美术的价值，让下一代孩子的心灵得到启示。

第三，在教学环节中，教师是课堂教学构成部分之一，家长和学生也是必不可少的重要组成部分，家长的理念影响着课外教学的效果。很多家长认为民间美术是地位低下的民间艺人的产物，只是一种谋生手段，艺术价值很低。甚至还有部分家长认为其趣味低俗，是落后的、消极的，应该被淘汰。这些消极的理念存在于家长的思想之中，对孩子学习民间美术极力反对。同时也有部分学生也存在偏颇的看法，在美术课堂中的教学就会困难重重，在现代美术教育中，教师就要披荆斩棘，冲破种种困难，将把民间美术的本质熔入课堂中去，让孩子们深刻地感受到民间美术的艺术魅力。

第四，在教学过程中发现，美术课能够让孩子对美术产生兴趣，对民间美术也有着强烈的好奇心和求知欲。教师要将对民间美术知识的掌握不断升华，进行传统文化精髓的教学，在课堂中的教学效果才会更加明朗。同时，能够善于发现学生的兴趣点，在兴趣中进行民间美术的传播与发扬。

美术教育是一门视觉艺术，通过材料的操作塑造出平面的或三维的画面效果。在课堂教学中，通过体验能够获得新的知识，能够更直观地表达自己的感受。

在新课程目标改革中，学生在民间美术的学习中可以进行自主学习、合作式的学习方式，也可以探讨式地学习，通过问题的讨论，进行学生实习、实地考察、参观等学习方式，不断激发学生对民间美术学习的兴趣。在有限的美术课堂教学中，老师要充分把握好教学方式，将研究性学习作为美术专业学习和探索的重要渠道。同时，美术教师要不断提升教学能力，将丰富多彩的教学模式和各种社会资源进行整合、完善、充实，在美术教学中形成高效、生动、有趣的课堂氛围。

二、民间美术在现代教育中的价值

民间美术的历史源远流长，艺术特色明显，具有强大的文化内涵。民间美术是民族文化和其他领域知识的综述，这是当代学生需要掌握的文化知识，也是社会中的每一个中国人应该学习和了解的知识。民间美术的内涵融入我们的生活和学习之中，在人类的精神层面也产生了深远的影响。

民间美术是美术教育的重要组成部分，它渗透在我们生活中的方方面面。有助于培养学生对民族传统文化的认识，有助于提高学生的欣赏水平；民间美术中体现着劳动人民的辛勤的汗水，是对美好生活的一种向往，对提高学生的品德修养有很大的帮助；通过美术作品的欣赏能够提高其审美能力；通过学生的实践动手，培养学生的创造力思维培养并开发智力。

随着我国新课程标准的制定，对民间美术教育提出新的要求和标准，把美术技能的学习和提高人文素质进行充分的结合，培养学生的审美能力和创造能力。因此，民间美术是在学校中实施素质教育的重要的教育形式之一。

民间美术产生的最根本的目的是具有实用功能，不单单是为了满足人类的审美需求。社会的进步和人类文明的发展，促使民间美术的种类、表现形式越来越丰富，如竹编、草编、泥塑、剪纸、年画、皮影等隶属于民间美术。民间美术具有实用性和审美性特征的艺术形式。把这些不同种类和表现形式的民间美术引入美术课程中来，让学生从身边的艺术开始学习，然后层层递进，展开学习。通过学生对身边艺术的学习和了解，能够帮助孩子们开阔视野。在美术教学中，让学生认识民间美术的基础知识，提高学习能力。通过对民间美术的学习，不仅将民间美术发扬光大，还可以让学生认知中华民族的文化历史，提高对民族的自豪感和民族自信心。

民间美术在现代美术教学中的运用，能够让孩子们对美术产生兴趣，活跃课堂教学的氛围，还能够拓展教师的教学资源，对改变教师原有的教学理念起着至关重要的作用。在民间美术课程的教学设计中，也更好地发挥了教师的主动性、创造性思维，对深入教学改革发挥着积极有效的作用。

三、民间美术的现代审美

对于人类来说，周围的生活以及行为方式是一切文化现象形成的本源，也就是一方水土养育一方人的道理，民间美术也是同样的道理。由中国历史文化传统积累沉淀而形成的观念构成了文化的核心内容。民间美术集中代表了人们在思维方式和行为规范的综合体现，包含了道德观、价值观、政治观、审美意识、民俗内涵、生活方式、宗教等各方面的因素。一个民族的文化深藏在民族生活之中，但它却能在各个方面展现自己特有的个性。民间美术植根于乡土文化之中，是由无数的劳动者们世代传承，将一个民族文化的实质和发展过程完全地表现出来。

民间美术在人们的精神和物质生活中的表现以审美的形式得到了普及，其表现的内容种类非常多，比如在人们的思想、历史、风俗习惯、生产活动、教育中都起到一定的教化作用。

民间美术是中国民族文化艺术中流传范围广泛、年代久远、价值明显、创作者众多的艺术形式之一。民间美术在造型上追求的是创作者自我精神世界的表达，是具有实用性和教化性相结合特点的产物。民间美术来自人民大众，几乎没有受到外界的任何干扰，淳朴敦厚的风俗习惯滋养了民间艺术这颗艺术的种子，这使得劳动者淳朴、善良、豁达、积极乐观的精神品格在艺术作品中表现出强健的、浑厚的阳刚之气，劳动人民在作品中通过鲜艳的色彩、夸张的造型表达出内心热烈、欢喜的情感，这是生命中内在情感的表达，是他们对生命的讴歌和赞美。

民间美术的造型是我们研究和探讨的重点，它不仅仅是简单的对事物外在形态的临摹或仿写，更是在造型上融入作者主观上的理解和看法，创作者把自己的想法融入民间美术作品的创造过程中来，进而把单纯地从造型的模仿提升到艺术品的升华上来。

生动的艺术形象是创作者内心情感和思想的表达，是对外在物象的情感和表现，艺人们把自己的全部情感都附着在艺术作品的运用中。在现代人的生活中，民间艺术作品依旧在使用和保留着。从造型的角度看，与我们现实生活中对事物的认识和理解是不同的。比如孩子穿戴的虎头鞋和虎头帽，现实生活中的老虎是威猛巨大的形象，但通过他们的双手变将老虎变成了可爱憨厚的造型。创作者通过独特的造型形式表达了内心情感，表达的是对孩子的美好祝福，寓意孩子们天真活泼和快乐的童年生活。

民间美术的发展与社会的发展是同步的，要将现代的审美价值赋予到传统的民间美术当中去，同时民间美术要与时俱进，在民间美术中融入新时代的审美要素，来满足现代美术教育对孩子们的审美情感和审美态度的要求。

对民间美术所包含的文化内涵和境界进行准确理解和把握，可更加清楚地表达出民间美术的内涵，给观众留下无穷的回味和想象的空间。民间美术具有原发性的特点，植根于百姓生活中的点点滴滴，民族文化通过民间美术形式的具体体现进行传承。在现代教育发展过程中，民间美术按照美术课程的指导标准和要求，积极倡导学习和了解中国民族文化优秀的艺术作品，尊重世界多元文化的发展，在民间美术教学中增加课程的多样化教学形式。

而且，现代美术教育必须肩负起民间美术传承的重大责任。将民间美术这一内容融入现代美术教学课堂中，要加强言传身教的教学方式，要引导学生进行各种各样美术形式的学习，可进行实地考察和学习，邀请民间艺人进行现场制作等实践教学。孩子们可以到艺人们的创作现场中进行模仿、临摹，将直接感受和间接经验相互结合，让学生在学习中获得最佳的学习效果，从而激发学生学习民间美术的兴趣，促进民间美术的传承。

四、民间美术引入现代美术教育内容

民间美术教育是通过对中国传统民间美术文化进行挖掘和整理，再经过创新性的改革和创作，适应受教育者不同年龄阶段的身心特点，符合新时代的教育目的，按照计划有组织地进行教学，使其慢慢地渗透到孩子们的心灵中，培养孩子们成为德、智、体、美、劳全面发展的社会主义建设者和接班人。

教育从来不单单是教师的事情，是包括学校教育、家庭教育、社会教育三位一体的教育模式。面对孩子们的学习，教育是最主要的传承工具和方式，具体体现在不同年龄阶段的学校教育、家庭教育、社会媒介的传播，这些方式对保护中华民族优秀传统文化，有着举足轻重的价值和意义。在现代美术教育中，民间美术应选择最具有特色的内容，不要出现杂乱无章的内容。要尽可能地贴近学生熟悉的生活环境，能够最有效地展示民族文化的艺术特色和艺术感染力，从而展示本民族文化的悠久历史和渊源，是人类智慧的结晶、象征和典范。民间美术教育要与时俱进，紧跟时代的步伐，适应现代社会经济和科技发展的新方向。课堂只是学习知识的形式之一，课外还可以建设多方位的空间，比如建立兴趣组、社团、探讨式研究性教学等学习模式。同时在美术课堂教学中，除了对民间美术资源的学习，还可以遵循学生的年龄特点，将符合学生兴趣爱好的内容加入教学中来。

（一）讴歌自然，崇尚人性

民间美术是中国民族文化史上的一颗璀璨的明珠。傲然地屹立在世界的东方。人民大众是其最忠诚的信徒，而它仍以顽强的生命力在中国的大地上继续生长、繁衍。中国民间美术不仅保持着各地、各民族的文化艺术特色，也反映着人世间的不同形态。祈福是劳动人民对美好生活的向往、期盼，体现在民间美术作品的审美形式和创作语言中，这是中国民间美术所特有的一种精神文化。人们追求着幸福，寻求着不同事物的理解和感受。而追寻的幸福一定是和周围的人相关，与人性相联系的。在人民群众的心里，追求的物象应该是属于内心的、本质的东西，这与做人的根本是一致的。在中国传统价值观中，"善"代表的是人性之本，"善"让人感悟自然，是与世界中的事物共存亡的。以"善"为"美"，这是人民大众内心审美情感的写照，心地善良的人用美的心态来看待周围的一切，发现生活中的美，从而得到愉快的审美情感。在新课程的标准要求下，中国民间美术要求在教学中显示出知识的综合、人文、创造和愉悦的特点，培养学生体美育能力与真善美的认识结合起来。在研究民间美术中的"善"和"美"的过程中，能够在民间美术中感受到对大自然和人性的颂扬。民间美术的主题主要是针对人们日常生活里发生的事情和故事，并对这些事件运用艺术表达形式和语言进行创新和再加工，在内容的创作和情景上融入自己丰富的想象力，将平常的事物运用美术语言的方式呈现出来。在祖国的锦绣山河中生长出了民间美术这颗特别的种子，这是民间美术的艺术创作源泉，创作者是最朴实的农民，因为他们的生活与大自然最密切、最真实。

由于民间美术是发生在不同时期和不同地域的文化，形成民间美术的差异性特征，同时在视觉表达和表现形式上，体现着不同的内涵和外延性特征。孩子们向我们所要表达的题材，应该是没有任何功利思想和偏激价值观的表达，是追求真实的自我，追求真、善、美的人性之本。民间美术的根本功能体现着对真、善、美的追求，在剪纸、雕塑等艺术形式中，造型大都从人民大众的生活中来，通过不同艺术形式的表达，劳动人民的勤劳、才智、勇敢的形象更直观、更深刻地展现在孩子们面前。

道德价值在民间美术的价值体系中具有重要的地位。在不同种类的美术作品中，我们能够感受到人民大众真实情感的表现，对祖国河山的热爱，对民族强烈的情感归属。在不同表现形式的作品中，都来自对大自然的热爱，让人民大众的精神世界变得充实；同时也对大自然充满着敬畏，是大自然赋予人性的美，道德的美。

民间美术课程在课堂教学中的合理运用，通过丰富的教学模式和实地考察等教学形式，能够更直观地考察民间艺人的创作场景，了解艺术作品背后的故事，让孩子们体会到艺术作品的文化价值底蕴。大自然赋予我们的必有其深意，让学生们感受大自然带给我们的强大的精神支柱，这也是符合新课程改革教育的基本要求。

（二）民间美术塑造个体个性发展

在现代美术教育中，学生主要注重实践水平，而理论水平相对匮乏，审美能力相对偏低，孩子们缺少一双发现美的眼睛，不懂得如何欣赏作品，对艺术作品创作的能力亟须提高。当学生去欣赏或创作艺术作品时，画面的构图能力和技法水平是考验学生创作水平的重要评价手段，是体现作品的精神境界和作者内心情感的重要标准，是表达自我个性的重要体现。艺术作品的个性表达影响艺术作品的效果，甚至会影响到以后的发展。

在人文素质教育中，人的世界观、人生观以及以人为本的精神是人文素质教育的核心。人文素质教育能够促进人们在人格、审美、求知、生活等方面的全面发展。现代教育的本质要求是促进学生全面发展，培养个性鲜明的独立的人。在美术教育中，我们要改变传统的教育理念，建立和谐发展的价值观，将专业素质与人文修养结合起来，实现学生知识结构的内化，形成健康的全面发展的个性。

美术教育的主要功能是激发学生的想象力，提高学生的创造力。现代社会需要的是复合型的人才，不是只具备高技能水平的专业型人才，没有创造能力和艺术修养的人是不符合现代美术教育的培养目标的。具有进行个性特点塑造的能力不是为了表现个人主义行为，而是为了能最大力度地吸收人类的精神能源，从而建立个人的高层次的精神资源。

民间美术内在的人文精神是艺术得到升华的关键要素，在民间美术的作品中包含着的是民间创作者主体性的自由发挥，是作者情感和思想的转换，也是他们对本民族文化的理解和表达。

　　民间美术是历史优秀文化传承的媒介，是人类精神文明中自我灵魂的释放与宣泄。古往今来，民间美术一直表现着兴旺的发展状态，民间美术分类众多，并以其强大的渗透力，影响到人们生活的方方面面。

　　不同的地域反映着不同地方的艺术特色。每一个地域的民间美术都展现着当地的历史、生活、文化背景，并且融合当地百姓特有的思想形态，发展为具有当地特色的艺术形式。民间美术以独特的生产方式、传承方式和表现手法在学生的心灵深处形成不同的审美感受。每个学生对于民间美术的兴趣点是不同的，产生的心灵感触也是不同的，孩子们便会形成了与众不同的心理感触和审美感受，从而影响孩子日后的学习、生活的方式和态度，最终孩子们便形成了只属于自己的独特个性。素质教育的根本目标是促使学生个体个性的形成，促进学生身心的全面健康发展，必然要促进个体个性的发展。当代社会发展的前提是自我个性的发展，在拥有独特个性的个体发展前提下才能拥有创造美、改造美的能力。

第四章　儿童美术教育

孩子是家庭的希望，是社会的未来；涂鸦是孩子对爱的传达；美术教育是我们为孩子传达爱的桥梁。

"教育的产物是人。"教育的根本属性是目的性和社会性，教育是人类社会所独有的特征。人类社会得以蓬勃发展，正是源于教育。"审美教育的产物也是人。"人们想要走向自由必须通过美的教育。要想教育本身负起重担，增强人类身心和谐与全面发展的功能，一个基本前提条件就是树立正确的审美教育观念。"对青年一代的良好教育是一个国家的根基。"对儿童的研究与关注也是对人类自身生命历程和精神创造的重要关注点。

如何将儿童美术教育变成好的礼物带给儿童？我们不要只简单地理解室内的美术教学，而是能够进行多角度的"教学"，通过丰富的教学活动开拓儿童的美术视野，让孩子们获得更自由、更宽广的世界。

在20世纪中期，对儿童美术教育的研究方法不断改革，尤其对于"儿童的认知能力是有限的"观点被更新，人们对于儿童能力的发展有了新的认识，儿童潜在的能力被挖掘出来。通过研究证明，幼儿时期大脑神经细胞之间的突触联系，能够在不同的教育环境和教育活动中得到极大的开发。

在语言能力发展期间，美术活动作为一种独有的补充表达方式，是可以促进儿童启智的可行方案。绘画能力也被认为是儿童的潜在能力，它是与智力、认知能力同步发展的。

艺术的本质是在儿童美术作品中以特有的视觉及表现语言展现的。当我们直面那非同一般的创造和想象时，我们无法抗拒他们带来的心灵上的震撼。他们的心智之门也因为美术教育引领孩子感受美而被慢慢开启，儿童在绘画过程中全身心的体验必定会对他们的人生有着深刻的影响。

请让孩子们自由地进行涂鸦吧！涂鸦时期开启了孩子创造的通道，这是生命初期一种美妙的本性的发挥或天赋潜能的开启。伴随着孩子的年龄逐渐增加，他们的想象力和创造力，将会因为被社会上的种种制约所影响而逐渐退化，也许会造成永久的缺失。因此，儿童美术教育的作用是极其重要的，良性的美术教育在引领孩子感悟美的同时也能开启心智之门，能使孩子们在艺术创造中收获到更有利的审美力、创造力和表现力。

第一节　儿童与儿童美术

毕加索曾经说过每个儿童都是艺术家。的确如此，孩子所创作的作品不论是在本质上还是表现形式上，透露出的真诚、感性都有成人无法想象、无法达到的境界。

一、儿童美术

儿童美术指的是儿童所参与的造型艺术活动。它反映的是儿童对外部环境的认知、情感和思维。一般从幼儿期至 15 岁是儿童美术的主体年龄。也就是说，儿童美术为儿童美术和少年美术两个年龄段。儿童美术的主体一定是儿童，如果不是的话，那么即使在他们的创作过程中呈现的美术行为和创作特点具有儿童美术的特点，也不是儿童美术。

所以，即使成人的美术作品中表现的是与儿童相关的主题，运用的是儿童画的表现方法，也不能被称为儿童美术作品。也就是说，儿童美术的创作者本身是儿童，儿童创作的作品是儿童美术的基本内涵。儿童时期的语言和文字的表达能力十分有限，儿童美术运用的基本方法恰恰是儿童对社会、自然的认知和情感的表达，有句话是这样说的，"十个儿童九个爱画"，传达的正是此意。

二、儿童美术特点

儿童美术是儿童通过独特的表现形式来表达自己对自然和社会的认知，是个人情感表达的一种方式，在创造的过程中包含了强烈的思绪和真实的体验。因此，自发性是儿童美术本身所具有的一种明显的特征。

（一）美术活动是儿童最本真的生命活动

美术活动是儿童特有的最纯真的活动形式，不具有任何功利性的色彩，仅仅是为了满足活动本身为目的。具体指幼儿对周边环境、情感和思维的认知。在儿童世界里，美术活动是最原始的、绝对自由的生命活动，就像呼吸空气一样不可或缺，是儿童生命存在的一种独有的表达形式。

儿童是通过本人身体的接触来了解外部环境的，通过这一行为来提高自己各个方面的能力，所以对于早期儿童来说，动作是儿童认识世界的最原始的方法。从美术活动的角度来说，儿童已经在早期涂鸦中对自己手臂肌肉运动后所产生的效果非常感兴趣。幼儿还未全面地开启对笔、纸的认知，而是将其放入口中、拿笔击打桌子，发出铛铛铛的声音，尽情地享受动作带来的形态的愉悦和声响来感知周围的一切。即他们通过一系列的动作达到对笔、纸等材料最初的认识。比如，在儿童画到战队的时候，当"机枪"打出子弹时，孩子会一边创作一边发出"嗒嗒嗒"的声音，此时的幼儿已经把自己全部融入画中来，与画面的场景合二为一，不分彼此。儿童心目中的世界是可以通过美术作品展现出来。儿童生活的世界与美术活动的世界是相互融合，紧密联系的。由此可见，儿童表现出来的最原始、最真实的生命活动也就是儿童在美术活动中变化而来的写照。

（二）美术活动是儿童认知世界的一种方式

人类是通过感性与理性结合的认识方式来广泛地认知世界。幼儿是以感性认识为主在美术活动中表现出来，儿童凭借已有的经验、具体符号等方式来感性地认识美术活动中的各个方面。例如，在画"刷牙"这个场景时，儿童会把嘴巴和牙齿画得无限夸张，并且放大，而把其他的五官表现得很小，牙齿全都露出来，做出可爱的咧嘴笑的表情。这个情况显示，幼儿对事物的理解力是通过五感来感知世界的，在他们所看到的世界里，事物是具体化的、形象是生动活泼的。因此，儿童美术活动是充满了情趣、童真和生活味道的世界。

（三）儿童美术是他们进行情感表达与交流的工具

儿童的美术活动是他们进行情感表达与交流的工具，充满了情感色彩。儿童在绘画早期，对颜色、形状极其喜爱，并表现出极其兴奋的感受。儿童对自己喜欢的美术作品也会表现出欢呼、兴奋。那么在绘画过程中，他们的情绪通常会变得激动，他们沉醉在自己的世界中，并通过美术作品表现自己的情感。如一个五岁孩子画的《生气的爸爸》的美术作品，用红色表现爸爸生气的表情，脸是红红的，头发是竖立的，幼儿用红色来表现爸爸生气时的一个情感。因此，美术活动就成了儿童释放焦躁情绪，宣泄情绪的方法。而且，幼儿作品完成后会受到轻松愉快的成就和自我满足。所以，美术活动是孩子对情绪宣泄的重要方法，是孩子情感流露和与世界交流的重要途径。

（四）美术活动能够提高整体的儿童智慧

儿童美术活动可以让孩子在不同方面的能力得到有效锻炼，比如认知能力、观察能力、语言表达能力、控制动作能力等。同时，儿童美术活动也能增强儿童身心全面和谐的发展，是孩子健康成长的有效途径。绘画发展的不同阶段也是儿童在智力方面发展的体现。儿童的美术活动是自由发挥、自主创作的形式。可以通过儿童对线条特点的感知、对色彩的爱好、特别感兴趣的内容等相关题材的训练来提高孩子的专注程度和持久性的能力，也能从其他方面掌握孩子的独特个性及爱好。比如积极活泼的孩子在用色方面非常丰富，而且色彩亮丽，消极胆小的孩子是用色少而且只对黑白色感兴趣；内向型儿童的绘画手法精致，外向型儿童画面生动、粗壮有力。

挖掘孩子潜能的最好的时间段是儿童的童年时代，每个孩子都有独特的充满童趣的童年，他们的脑海中有很多美好的记忆，是孩子进行自由创作的重要题材。他们的作品是与外界沟通的重要桥梁，让我们通过作品相互了解，走进孩子的内心情感。儿童美术教育作为儿童的重要启蒙方法，通过培养儿童对事物认知、创造作品、发展思维的能力，建立儿童健全的人格，根据孩子的自身发展规律，与美术的阶段性教育相结合，促进幼儿身心发展。

第二节　儿童美术教育历史演变研究

改革开放初期，儿童美术教育进入了全新时期，儿童美术迎来改革的春风。儿童美术教育的发展有了新的方向，儿童美术教育专家们进行新的探索途径。

一、20 世纪 70 年代末至 80 年代中期学前儿童美术教育的复苏

在"文革"期间，学前儿童美术教育一片荒芜。当时的美术、音乐等艺术课程不是作为美育的方法，而是作为政治教育的手段。当时的儿童美术教育不是引导孩子去欣赏自然美和艺术美，因此让幼儿对区分美与丑的能力和对美的感受力、创造力的理解发生了扭曲。

在"十年动乱"中长大的青少年，由于缺少了对真善美的理解，审美教育亟待恢复。在此期间，我国颁发了一系列的法规政策，让学前教育的发展沿着规范化和科学化的方向推进。在美育目标方面是教给幼儿美术、音乐等方面简单的技能，培养他们对美术的兴趣。

我国儿童教育专家们对儿童美术教育的具体情况进行了分析，开始探讨学前儿童美术教育理论与实践的改革，从儿童美术教育理论、制度与实践三个角度进行研究。

（一）儿童美术教育理论研究

在此期间，我国的教育专家注意到儿童艺术教育要符合儿童的年龄特点、心理特点和认知规律，开始引入国外先进的教育理论，比如皮亚杰的儿童认知发展理论、泰勒的课程理论等。

国内的美术专家也开始了儿童美术教育理论探索，尝试建构初步的儿童美术教育的教

学模式，研究儿童美术教育的意义和价值所在。期中在儿童绘画方面的教育专家屠美如的教育理论比较突出，她主要从绘画色彩、造型、创新性的角度进行研究。她认为绘画发展的关键阶段是在儿童 4 岁时，而且 4 岁至 7、8 岁是儿童绘画发展最快速的阶段。儿童绘画发展阶段分为涂鸦期、象征期、图式期和写实期四个时期，具体到学前儿童阶段大致可以分为涂鸦期、象征期、图式期三个时期。屠美如按照儿童绘画的质量与发展进程分为四个阶段：1.5~4 岁的涂鸦期、4~5 岁的象征期、5~8 岁的概念画期、8~15 岁的写实期。儿童手工的发展也会表现出一定的规律性特点。比如幼儿泥工的发展规律呈现的是从玩泥阶段发展到模仿阶段，也就是有目的、有意识地学习到自我创造阶段的发展过程。

这将儿童美术小学化教学、成人化培养等不良问题，在一定程度上提供了科学的理论依据，为建立符合儿童发展规律的儿童美术教学、教材建设、教学方法打好了基础，有利于重建符合儿童美术发展规律的教育模式。

教育理论专家们在美术理论研究方面，将儿童美术教育内容分为欣赏与创作两大体系。儿童美术教育按照分科进行教学，并且与其他学科内容进行结合。上课是儿童美术的主要教学方式，也可以采用一日教学、游戏的教学形式结合。教学方法采用观察法、欣赏法、示范法、范例法、讲解法、游戏法、练习法等形式在教学中灵活运用。

但在实际的美术实践方面，艺术欣赏已经变为不重要的学科内容，而且儿童美术与其他学科内容几乎没有关联性。教学方法主要通过讲解、示范的形式来完成美术欣赏课。

（二）儿童美术课程的建设

1. 儿童美术教育目标的确立

在教育专家的共同努力下，确定了儿童美术的教育目标，其主要内容是培养幼儿对物象的形状、颜色的观察能力，培养儿童对生活的认知，能够表达自己的情感。提高儿童的美术兴趣，加强对大自然、生活、艺术品的欣赏水平，促进儿童动作的协调性和灵活性，能够使用美术工具材料的能力。

儿童美术教育的目标表述中主要运用了"教给""培养""发展""陶冶"等传授方式，可以看出行为的主体是教师，主要是通过教师为主的指导的方式，是带有理性色彩的课程观念，缺点是缺少幼儿主动性的体现、幼儿自身的审美能力、幼儿在生活中的体验与艺术感受。

在美术教育中，"课程即科目""课程内容即教材"的课程理念形成固定模式，小班学习内容是绘画与泥工，中大班主要是绘画、手工和欣赏，形成了固定的学科内容。

2. 儿童美术教育教材的编写

在我国教育部的组织下，教育专家们整理、编写了我国第一套幼儿园教材，并配有相关的教学挂图。美术教材的主要内容包括绘画篇、手工篇、教法篇三个部分。在绘画和手工内容中配有教学案例和绘画步骤，方便了教师的运用。但存在的问题是案例单调，示范步骤程式化，缺乏作品的表现力和创新性，教师的主体性也受到限制。

由此可见，当时的幼儿园美术教材不能够把教师主体性的表现能力发挥出来，教师对教材创造性的认识与运用没有体现出来。而且教师在示范和讲解范例的过程中传授给儿童的美术技能，也束缚了儿童个性色彩以及创新能力的表达。课堂教学内容出现了偏离，教材内容主要涉及的是绘画和手工，而美术欣赏课并没有涉及，在美术教学实践中，美术欣赏课的教学活动也没有被重视。

3. 儿童艺术教育组织实施

在此期间，课堂讲授是唯一的教学形式，学前教育继续采用单一的分科教学模式，并没有与其他学科进行结合。教师在课堂上讲授的内容完全按照教学大纲或教材的内容，儿童接收到的内容只是简单的基本技能的操作，表现形式也很单一，表现力不够活跃。

在当时的儿童美术教学中，美术教育活动环节单一，整个活动过程着重强调教师的主导性与权威性，忽视幼儿的主体地位与主动探究发现的能力，单纯地强调幼儿对美术知识技能的运用，忽视了幼儿的审美理解与生活体验带来的自我认知。

4. 儿童美术教育评价

当时对不同年龄段的儿童要学习的内容有具体的要求，在教学过程中教师是评价的主体，儿童被动地参与到活动中来，偶尔也有教师和学生一起进行活动的评价。在评价中，教师评价的重点是学生的作品，忽略了教学过程的表现，对儿童情感的表达与体验的关注甚少。

比如在儿童美术教学过程中，几乎所有的美术活动基本上都会进行作业的讲评环节。而讲评作业实际上就是对儿童的作品进行主观评价，教师主要从艺术表现形式上进行评价。因此，教师在评价中标准单一，不重视艺术活动的过程，忽略幼儿的个性发展，忽视幼儿在艺术活动过程中情感、体验等感受。

二、20世纪80年代中期至90年代末学前儿童美术教育的发展

20世纪80年代中期至90年代末期，改革开放和儿童美术教育改革不断深入，学前儿童美术教育得到迅速发展。研究者开始探索国内外儿童美术教育的发展方向，在儿童美术主题课程的背景下，促进综合艺术教育与儿童美术欣赏教育的发展，使学前儿童美术教育逐步确立了发展方向。

"从人类社会发展的历史看，文化和教育是有闲阶层的专利，只有物质文化的高度发展，才会有精神文化的高度发展。"[①] 改革开放促进我国经济迅速发展，人们的精神需求

---

①晓三. 艺术教育的冷与热 [J]. 学园 2008，(04).

日益强烈，因而对美术教育的关注度越来越高。艺术并不仅仅对于那些专业从事艺术的人来说很重要，而是对于任何人像阅读和书写在人们的日常生活中一样重要①。

此时期的人民群众已经开始关注儿童美术教育的作用，意识到儿童美术能帮助孩子提高绘画的基本技能，培养儿童对周围生活的观察力，每个儿童都有一双善于发现美的眼睛，培养儿童欣赏美、表现美的能力。提高儿童在艺术创作中的想象力、创作力、情感表达、社会能力等不同方面能力的发展。

（一）儿童美术地位的恢复与巩固

自 20 世纪 80 年代中期，开始了由应试教育转向素质教育新的教育模式。素质教育贯穿到教育的各个角落，从学校、家庭到社会的各级教育，提倡德智体美统一地结合在教育活动中。在素质教育的全面进行中，美育具有不容忽视的作用。

第六届全国人大第四次会议指出，"各级各类学校都要认真贯彻执行德育、智育、体育、美育全面发展的方针，并根据各自的特点适当加强劳动教育。"② 这一次的指导精神中提到了美育的作用，此后美育的地位在学校教育中得到了重视。美育和美术教育的地位得到了巩固。

《全国学校艺术教育总体规划（1989-2000 年）》的发布具有重要的历史意义，这份文件为学前幼儿美术教育指明了方向，确定了幼儿美术教育的目标。其目标是到 20 世纪末，幼儿园的各类艺术活动成为常规教学活动，儿童在美术经营活动过程中有很美好的艺术体验和感受。我国对美育作用的关注也在日益提升，美育与艺术教育领域的联系越来越密切，美育在教育中的地位不断巩固，儿童美术教育在学校、家庭、社会中发挥的作用越来越广泛。

（二）儿童美术教育理论研究的发展

20 世纪 80 年代开始，改革开放的脚步越来越快，促进了儿童美术教育的发展，在教育领域中加强了国内外的交流与合作，使儿童美术教育理论研究和实践过程不断深入。儿童教育领域引入了大量国外学者的先进教育理论，他们为我国儿童美术教育的发展提供了重要的理论依据，并对我国美术教育的思想产生了重要的影响。

教育专家们在儿童艺术教育理论研究与实践探索方面的成绩硕果累累，少数民族的美术教育、校外儿童艺术教育以及新技术的研究都对儿童美术教育产生了重要影响。

儿童美术教育课程的建设与教学体系的建构，在儿童美术教育目标、内容、组织、评

---

① VictoriaPavlou， MariaKambouri. Pupils'attitudestowardsartteachinginprimaryschool： anevaluationoofllStudieaInFducati |
nalRvaluati| n_ 2007_ 3313-41. 2R2-301

② 郭声健. 艺术教育论 [M]. 长沙：湖南文艺出版社，2004：6.

价过程出现了较多的科研成果。如屠美如的《学前儿童美术教育》、孔起英的《学前儿童美术教育》、张念芸的《学前儿童美术教育》，楼必生、屠美如的《学前儿童艺术综合教育研究》等，他们的科研成果为儿童美术教育的发展做了重要的铺垫。

儿童美术教育正慢慢地从单一的学科走向与其他学科结合的综合教学，教师们也打破了传统的教学方法，由原先的只注重美术技能和创作能力，过分重视到关注儿童综合素质教育的探究。并且在教学内容中，儿童美术欣赏在课堂中的比重不断丰富。

在90年代末，儿童美术教育研究进入发展时期。儿童美术教育理论研究成果不断丰富，百花齐放，并且出现了具有代表性的重要理论观点。儿童美术教育的价值观在整体与部分之间的层面关系进行综述，对儿童美术教育在提高儿童智力、情感、个性色彩、创造力、表现力等方面的观点进行了阐述。

对儿童美术的教育理念、教育方法等传统的教学观进行了革新性的教育理念的改革。屠美如进行了美术教育课程的改革，首创了认知与情感紧密结合的模式，认为儿童美术教育的核心是发展幼儿艺术思维，教师应致力于发掘幼儿的创造潜力、兴趣、情感、智力等方面的发展，课程是绘画、手工、欣赏三个内容，教学中以引导发现式、情境陶冶式为主的教学形式[1]。屠美如还提出了提升儿童美术创造潜力的综合法，提倡儿童为主导的美术教育，将各种知识有机结合，序列化。将创造性培养与技能技巧相结合，将感知、思考、创造相结合的方法[2]。儿童美术教育评价包括儿童美术学习的评价、儿童美术教育活动评价两个部分，儿童美术学习评价是考察的重点。张念芸从构思、主动性、兴趣性、专注性、独立性、创造性、操作的熟练性、自我感觉、习惯等九个方面评价学前儿童美术活动过程[3]。孔起英从绘画的造型方法、色彩的表达、构图的能力进行了阐述，运用了儿童的心理发展特点与儿童作品结合的综合评价法。教学评价的标准是将儿童绘画的线条、形状的运用、绘画造型特点和儿童创造性发挥的水平及能力的高低来评分；色彩运用种类分为随类性赋彩、丰富性以及情感倾向性色彩；画面中构图、空间、主题的表达是否突出。

相关儿童美术教育研究者已经认识到，儿童美术教学内容包括美术作品欣赏与美术创作两大部分，并且开始将知识技能与情感体验的教学方式相结合。儿童美术教学打破了传统的示范到模拟的注入式教学方法，而更加注重儿童在美术活动中的主动性能力的发挥，以及自我创造性与专业技法技巧训练相结合的教学途径。除了专门的美术教育活动，在日常生活的其他教学内容、美术的游戏活动也相互渗透影响。

学习评价开始利用不同方法对儿童在美术活动过程中的表现进行评价，除了美术知识

[1]全国幼儿教育研究会主编. 幼儿教育改革与研究 [M]. 北京：教育科学出版社，1990：271-284.

[2]屠美如. 幼儿美术教育中创造潜力的发掘与培育——综合法 [J]. 学前教育研究，1993转引自屠美如. 屠美如文集 [M]. 南京：江苏教育出版社，2008：145-150.

[3]陈帼眉. 学前儿童发展与教育评价手册 [M]，北京：北京师范大学出版社，1994：712-716.

技能的评价，还特别关注学生的创造能力、情感表达、丰富性内容等多维度的评价。自此，儿童美术教育开始从分科教学走向综合性教学模式，越来越多的研究者开始了对学前儿童综合艺术课程教育的探索。

（三）儿童美术课程的建设

课程改革的发展开辟了课程综合化的新方向。教育家赵寄石等教育专家在南京市实验幼儿园进行了实践探究的教学活动，他们开展了综合教育课程的教学模式，在全国首先运用了分科教学的教学模式，开创了幼儿园课程改革的先河。

在幼儿园课程改革的影响下，多地的幼儿园开展了课程学科分开的教学模式，儿童美术课程逐步由单一的分科课程发展到综合课程的教学模式，如在美术领域课程、主题课程等内容有着比较突出的成绩。

20世纪80年代以来，幼儿园课程改革的主要方向由分科课程模式到建构综合化课程模式的转变[①]。主题课程是综合化课程改革的重要体现。它主要是围绕着儿童为主体的课程模式。它是在儿童生活中的某一个时间段内的某一中心来组织教育教学活动，从而让儿童通过活动获得较为完善的有益的学习经验。

90年代中期以后，主题课程的教学模式在部分学校、幼儿园展开教学。但是存在较明显的问题是存在各学科在教学活动中横向与纵向联系的牵强附会，把内容进行"拼盘式"的整合，缺少了学科的主体性发挥的问题。儿童美术教育面对着这些问题，教育专家们开始探索如何走出分科课程与综合主题课程进行综合的实践困境。20世纪90年代初出版发行了《幼儿园教育活动》，这是一本幼儿园编写课程用的指导性用书，其历史意义深远，被业界人士称作是中国领先课程指导用书，其主要特点是按照不同活动"区域"分类指导幼儿园课程的设计编撰。南京师范大学学前教育专业工作者主编了以健康、科学、社会、语言、艺术五个领域内容的《幼儿园课程指导丛书》。在教育活动中，领域课程综合水平的评价高于分科课程，这就需要儿童掌握的教育课程被分为若干领域，每一领域可以包括两个以上的学科内容。

1. 儿童美术教育目标

教育专家们经过研究，确立儿童美术教育目标，儿童美术教育目标是培养幼儿初步感受美和表现美的情趣和能力，这符合儿童的身心发展规律特点，并确定了审美情感在儿童发展中的重要地位。同时，幼儿美术领域的教育目标是提出了"萌发幼儿感受美和表现美的情趣"和"培养幼儿初步感受美和表现美的能力"，明确了审美教育、情感教育美术教育的核心内容，这就使美术领域教育目标内的每一个艺术教育活动的情感体验与知识技能

---

①庞丽娟主编.中国教育改革30年（学前教育卷）[M].北京：北京师范大学出版社，2009：158.

的相互协同。

在《幼儿园课程指导丛书：艺术》指出，要培养幼儿发现美的敏感性，激发幼儿对生活和美术作品中的美的感受；通过对多种美术工具和材料的操作运用，培养幼儿的审美表现力和创造力；通过在美术活动中创造性的自由表达，引导他们感受美术活动带来的乐趣，培养它们审美情感的体验和表达能力，促进其人格的全面和谐发展，以此来实现幼儿美术教育的具体目标[①]。

通过以上美术领域目标和美术教育活动的目标可以发现，儿童美术教育目标是以《规程》为基本导向，突出美术领域具有区别于其他领域的独特魅力，即美术教育中所含的本体价值或内在价值。美术领域不再依附于智育、德育等领域，而是具有独立存在的价值。而且，儿童的主导性逐步确立。因此，儿童美术教育的审美价值逐渐得到重视并且在儿童美术教育理论与实践中逐渐显露出来。

2. 儿童美术教育内容

《规程》中指出了幼儿园教育工作的原则是以德、智、体、美等方面的教育活动互相融合，有机渗透的，还指出了教育活动的内容应该从教育目标，幼儿的实际水平和兴趣，运用循序渐进的原则，有计划地选择和进行教学活动。所以在儿童美术教育领域中，不但内部学科与学科之间的联系相互交织，而且与其他领域之间的联系日益紧密。这种综合的取向反映了我们应关注儿童的生活经验的获取，将儿童的日常融合成一个整体，儿童美术教育内容都必须是以儿童的需要和兴趣为主要内容，从儿童所处的环境来获取自身经验。

儿童美术教育目标主要通过美术教育的教学内容来体现的。儿童美术教育内容包含绘画、手工、欣赏三个主要方面。可划分为欣赏和表现两大内容。艺术欣赏和艺术表现是艺术活动的两大方面，是不可偏废的。[②] 美术教育中的欣赏，是儿童能够掌握对美的感受与美的表现。

这个阶段，儿童美术教育内容的整合不断提高，主题课程使教学活动的开展不断突出，与其他课程的整合理念不断提高，并开始关注儿童在自然生活中的经验的追求理念。儿童美术教育内容愈来愈完善，艺术欣赏和艺术表现两个方面相得益彰，促进了儿童身心的健康发展。

3. 儿童美术教育组织实施

儿童美术教育的主要目的是美术活动能够促进幼儿整体和谐发展。在儿童美术教育活动中是强调在活动中的学习，在活动中提升儿童的综合能力。

自80年代开始，我国学前教育引入了国外的皮亚杰、维果茨基等教育家的教学理论。

---

①许卓娅，孔起英主编.幼儿课程指导丛书：艺术（小班）［M］.南京：南京师范大学出版社，1996：1.

②人民教育出版社幼儿教育室编.艺术领域［M］.北京：人民教育出版社，1994：3.

皮亚杰提出了儿童是在与周围环境交互作用的过程中进行自我建构而得到发展的重要的观点①。其中的交互作用是以"活动"为基本过程的体现。其教育理论强调了儿童在活动中的主导性、主体性，儿童的发展是通过自我活动建构的观点。教育家蒙台梭利曾经说过，儿童不是成人和教师进行灌注的容器；不是可以任意塑造的泥；不是可以任意刻画的木块；也不是父母和教师培植的花木或饲养的动物，而是一个具有生命力的、能动的、发展着的活生生的人②。这些教育理论对儿童美术教育的发展影响深远。

在早期阶段，儿童美术教学活动着重突出教师的主导地位，儿童的主体性被忽略，教师大多运用讲解、示范、练习等教学方法，让儿童掌握美术教学活动中的知识技能。儿童美术教学渐渐以引导儿童探索与发现为导向，为儿童参与到美术活动当中来，为儿童的自我展现和创造性发挥创设有利的条件。当然，提高儿童的主体地位作用，并不是就忽略了教师的指导作用；是在重视教师引导的前提下，在讲解与示范等教学方法并行使用的必要条件下，让儿童主动探究、主动发现。教育专家们研究，在教学活动中，教师的示范要与儿童的探索相结合，不断提升儿童的综合能力。比如可以让孩子提前了解一些绘画材料、工具的使用及技能的操作方法，在亲子活动中感受艺术作品的不同表现形式，体会作者的感情，通过这些活动的准备，为儿童的艺术创作提供了重要的艺术储备。但在儿童的创作期间，教师就不要再用示范法，可以用提问、暗示、创设情境、联想、隐喻等方法促进幼儿灵感的开发，以此来拓展他们的视野，引发自我的思考，创作出富有个性的美术作品③。

在儿童美术教育活动的组织过程中，并不是让教师完全按照教材中的美术教育目标，而是具有一定的弹性和灵活性。脱离以往的教学模式，教师不再是教材忠实的执行者，这个阶段的教师依据儿童的实际需要，结合校内的实际情况对教材内容加以修改和调整。

教师在教学中能够根据教学过程的具体情况运用适宜的教学内容，组织儿童进行教学活动内容。在具体的教学活动中，还存在部分教师不能够灵活运用教材内容，按部就班地进行教学活动，美术教育活动比较模式化、程序化，没有进行灵活调整，像是在教师的预设活动中进行表演活动，不具备灵活的教学设计。

4. 儿童艺术教育评价

美术活动是儿童在学习活动中进行主动建构实践活动的过程。在作品创作的过程中，儿童主动性探索过程与缺少主动性完成的作品相比，前者的重要性明显大于后者。所以教师在美术活动的过程中要让幼儿学会主动性探究，才能够不断提高儿童美术创作的思维能力、实践水平。

①赵寄石.谈谈教育观念向教育实践的转化［J］.幼儿教育，1995，（09）.
②［意］蒙台梭利著，胡纯玉，刘文红译.发现孩子［M］.北京：中国发展出版社，2003，译者序，2.
③许卓娅，孔起英主编.幼儿园课程指导丛书：艺术（小班）［M］.南京：南京师范大学出版社，1996：22-23.

所以，在儿童美术教学活动中，儿童行为的表现能力和探究能力的高低是儿童发展的重要因素，在活动中的表现重于学习的结果。在早期的美术活动中，对儿童作品的评价主要是通过作品的完成效果和对技能掌握的水平高低来判断孩子的能力，现在的儿童美术评价已经转变为对活动的过程表现和情感的表达进行判断。同时，儿童美术教育评价不再用传统的成人的标准来评价儿童的行为，基于对以往儿童美术能力发展规律的探索，学前儿童虽然说是"蹩脚的写实主义者"，然而却是"优秀的表现主义者"①。

在美术教育活动中，我们要根据孩子的不同年龄阶段，注重儿童的发展特点，培养儿童良好的个性发展特点，根据儿童的个体差异性，结合教学进行有效的研究活动。进行儿童美术作品的评价活动时，打破了传统的评价机制，注重儿童作品的个性化色彩表达，积极评价儿童的作品，激发每一个儿童的内在潜力，能够在活动中体会到其中的快乐。同时，应逐渐增加儿童参与作品评价的机会，可以让儿童自我评价作品，儿童之间也可以相互评价。

（四）代表性的儿童美术教育理论与实践

从 20 世纪 80 年代末开始，我国儿童综合艺术教育的相关内容日益被关注。由于社会的急速变化，教育研究者们开始探索儿童美术教育的改革。教育家们开始重视人格发展的特点，不仅仅注重智育的发展，而是德、智、体、美、劳全面发展。单一的学科教育也不再适应社会快速变迁的需求②。

儿童的发展与周围的生活是一个整体，儿童美术教育也应该是一个有机整体。布约克沃尔德所曾经说过，"我们要从生态学和有机整体观的角度来思考缪斯的本能，我们尝试着从一个大的背景来思考，一个超越了学科和类型的界定范围、不同文语和年龄的既定界限，乃至是科学与诗学的既定界限的背景来考虑，否则我们将无法看到本能的缪斯。"③

综合性的艺术教育探索是符合社会发展变化的必然要求，是符合儿童的年龄规律特点，有助于儿童身心的健康发展。进行综合艺术教育的研究，主要来源于格式塔心理学派的"异质同构"理论和通感说。在格式塔心理学派看来，"那些作用于整个宇宙的普遍性的力与我们自己的情感活动起来的力，实际上是同一种力"④ 在心理学中，通感是表示各种感觉之间相互联络、相互交织的一个理念。格式塔心理学派认为，通感是因为"同形同构"或"异质同构"而在神经系统中产生某种相同的电脉冲、某种相同的效果⑤。

①许卓娅，孔起英主编．幼儿因课程招导丛书：艺术（小班）［M］．南京：南京师范大学出版社．1996：22.

②楼必生，培美如．学前儿童艺术综合教育研究［M］．北京：北京师范大学出版社，1997：108.

③［挪威］让—罗尔·布约克沃尔德著，王毅，孙小鸿，李明生译．本能的缪斯—激活潜在的艺术灵性［M］．上海：上海人民出版社，1997，原版序，4.

④［美］阿恩海姆著，膝守务，朱疆源译．艺术与视知觉［M］．北京：中闽社会科学出版社，1984：625.

⑤美如主编．儿童美术欣赏教育研究［M］．北京：教育科学出版社，2001：43.

儿童具有与成人不同的艺术通感力，儿童能够感受到作品中洋溢着的欢声笑语，能够感受到画面中独特的味道。在格式塔心理学和通感心理学理论的基础上，儿童艺术综合教育理论的研究在艺术领域开展得有声有色。他们在艺术领域中总结出艺术形式之间具有共同的审美特点，能够潜移默化、同形变体或差别同一而进行"互相熏陶、互相支持、协调同一"，教育专家们开始对"学前儿童艺术综合课程"进行研究，探究的目的是培养和发展儿童的综合性艺术能力。研究表明，艺术领域和其他学科之间的联系性是可以相互支持和迁移的，这就促使儿童的审美心理建构出整体、和谐的人格发展。儿童在欣赏作品《梨子和小提琴》配有音乐《梦幻曲》时，会产生一种安静、悠远的情感同构感。在这种背景中，在音乐欣赏和美术作品的同构中，能够更好地让儿童感受到轻松、宁静的意境之美。

在审美艺术元素的同构理论体系中，教育专家们把文学、艺术进行同构活动中的理论融入幼儿园的实践教学中来。广东地区的幼儿园进行了大胆的实践活动，他们把文学、美术、音乐等艺术中的共同审美要素进行结合，取得了一定的效果。这项举措为儿童艺术教育发展提供了新的理论和实践的改革模式。

20世纪90年代中期开始，综合艺术教育的研究和探讨不断发展。这时的综合艺术教育研究已经突破了艺术学科之间的联系性，开始研究美术学科与其他领域之间的有机整合，可以说，对儿童美术教育的研究突破了以往的"艺术智慧发展"，从而提升到"整体智慧发展"方面。研究表明，艺术、科学、社会等领域的经验之间是可以相互关联和彼此渗透的，让儿童的"整体智慧发展"得到进一步发展。

在美术作品的创作中，我们不能仅仅把它当作一个美术主题，在儿童的特殊年龄阶段，每个活动都是综合性的。创作的主题既包含了社会情感，也包含了美术领域，还有一些其他领域的内容，孩子的经验具有整体性，作品的主题必然是综合性的活动。对于分科教学的活动，孩子们的感受不够完整，表现形式单调，他自身的发展需要与其他经验相互渗透，相互融合，才能形成一个相对完整的体系。比如说，在欣赏《布老虎》时，要让儿童了解布老虎不仅仅是我国的民间工艺品，还代表着一种社会文化。伴随着社会文化的进步，它既是社会文化的产物，也是民间文化演变的一个产物。它是我国传统文化的代表，是我国人民大众对幸福生活的期盼，它又是与节日相互结合的产物。所以说，艺术、科学、社会等领域的经验之间可以相互联系、相互渗透。

(五) 发展期儿童艺术教育的特点

儿童美术教育的发展是不断变化的教育过程，教师对于儿童美术教育的理念与行为也是一个逐渐发展的历程。所以，这个阶段被称为是儿童艺术教育的发展期或过渡期。儿童美术教育在较短的时间内不可能发生大的变化，但发展与改革的号角在儿童美术教育中已经开始。

1. 美术教育的审美价值在提高

在儿童美术教育发展的中期，儿童美术教育是推动社会发展的重要手段。美术教育是美育的一个分支学科，其本身的独有的审美价值不受重视，而且被认为是没有独立存在的意义。

在 20 世纪 80 年代时期，教育家们试图将艺术创作、艺术史等课程融入儿童美术教育中来，提高儿童综合能力的发展，并促进"以学科为基础的艺术教育"理论的形成。教育理论家们借鉴了 DBAE 理论，并在我国的儿童美术教育中影响深远。

在教学活动中，美术教育在活动中开始重视儿童在艺术活动中的体验与感受，同时，越来越重视审美价值在儿童教育中的作用，促进儿童的审美能力和表现能力，提高了儿童的欣赏力和创新能力的发挥，构建了正确的审美心理结构，促进儿童身心的健康和谐发展。

2. 美术教育促进儿童全面健康和谐发展

从 20 世纪 80 年代末开始，儿童教育研究者们不断意识到儿童艺术潜力挖掘的重要性，开始了与国外教育专家们的合作，并且对国内外的经典儿童教育理论专著进行翻译。同时，在教学活动中，教师转变了过去以教师为主导的教学模式，现在的教学儿童作为活动的主导地位，让儿童发挥自由创作的能力，提高儿童在活动过程中的探究性学习能力，在画面中自由地表达自己的情感，帮助孩子在认知、情感、个性、社会性等方面得到提高。

儿童教育"开始扭转轻视游戏及活动的倾向，使幼儿的活动得到合理地位，让幼儿成为自己学习的主人"① 儿童作为特殊的年龄阶段，为适应儿童的身心发展规律，教师们打破传统的课堂教学模式，开始运用"游戏化的艺术教学"模式，在儿童美术教学中进行以游戏为基本形式的教学活动，发挥不同学科在教学内容和教学方法的相互作用，促进儿童的全面和谐发展。

与此同时，为了让儿童的美术教学活动不断丰富，进行美术游戏种类的研发。

对于儿童的游戏，他们的游戏即是艺术，艺术即是游戏，艺术与游戏都在教育活动过程中完成。"游戏……可应用于儿童一切的活动，儿童的一切活动都是自主产生的，活动本身与'功课'或儿童一天正常的生理需要无关。"② 罗恩菲德曾说过艺术是游戏形式的一种。艺术与游戏之间的关系是密不可分的，是相互联系的。

"游戏化的美术教学"是基于对儿童的尊重，是以儿童为主体，是符合儿童教育发展

---

①中国学前教育研究会编. 百年中国幼教 ［M］. 北京：教育科学出版社，2003：166.

②［英］里德著，廷和译. 通过艺术的教育 ［M］. 长沙：湖南美术出版社，1993：113.

的规律，教师改变了对儿童观和教育观的理解，也是教师对"儿童在活动中学习"理念的认同。

这个阶段的儿童美术教育逐渐转向"通过艺术的教育"的探索，也就是说儿童美术教育要注重儿童的美术潜能的开发，激发儿童对美术的兴趣，让儿童在作品中自由发挥和表现，注重儿童的创新能力，促进儿童的创造思维能力的发展，提高对美术作品的欣赏水平，促进儿童个性色彩、创新能力和人格的全面发展。

3. 儿童的学习、活动、经验得到加强

20 世纪 80 年代末期至 90 年代，在儿童美术的教学活动中，教师们注重孩子们在学习过程中的主动性、积极性和创造性能力的发挥，让孩子在教学活动的积极参与中，能够获得体验，在探索中发现问题，并能够自主建构活动，在画面中自由表现，发挥个性画面。教育专家们还提出可以在儿童美术教育中，把课堂中的教师示范环节去掉，让儿童自主探索，自由地创造空间。

在美术游戏或技法的表现内容上，幼儿园进行了大量的研究和探索活动，内容更加丰富，主要是针对工具材料的研究，比如滚画、墨印添画、吹画等。教师们的教学思维也在转变，教师不再是活动的主体，是儿童与教学活动之间的"桥梁"。儿童是活动的建构者，是艺术的再现者，是思维能力的挖掘者。

同时，儿童美术教育在儿童美术学习心理机制的探究日益突出，开始关注儿童艺术学习的相关热点领域。儿童美术教育应当注重过程化管理和体验，以儿童的美好体验为主，教师在此过程中是活动的倡导者和引导者，任务是学生在此过程中是否得到美好的体验和快乐的感受，能学多少、能不能学会是次要的。"不过分追求活动完成的作品，更多地注重参与的过程快乐体验，以及注重培养参与意识"①。

教育家们发现，教学活动中"教师讲，幼儿听"的教学方法已经不适应儿童的发展特点。单一的技能学习只是一种外在的形态，是一种静止的思想状态，美术的本质并没有真正的内化到儿童的认知结构中去。专家们研究发现"在活动中学习"的模式是适应儿童发展的重要的学习方式，教师们为儿童准备参与美术活动的机会，让儿童在活动中获得丰富的感受。杜威认为，"每一个经验都是一个活的生物与他生活在其中的世界的某个方面的相互作用的结果。"② 经验是动态化的，儿童经验的获得是与周围生活密切联系、相互作用的过程，是与周围生活相互摩擦的结果。在主题课程的进行中，发现美术活动与其他课程整合的效果是高于自身学科的学习效果的，这种整合不仅加强了美术与儿童在生活和情感中的联系性，促进了作品欣赏和艺术创作之间的联系，还加强了美术学科与其他学科之

---

①人民教育出版社幼儿教育室编. 艺术领域［M］. 北京：人民教育出版社，1994：6.

②［美］杜威著，高建平译. 艺术即经验［M］. 北京：商务印书馆，2005：46.

间的联系。

学科的整合是儿童美术教育在儿童与周围生活、儿童经验的一个有机整体。

各个领域的教学目标、教学内容是互相渗透，互相结合的，既保留各领域在教育目标和内容上的纵向系统性，也注重横向教育的有机交叉①。

（六）儿童美术教育存在的局限性

由于儿童艺术教育理念的逐渐转变，此时的学前儿童美术教育领域的研究进展仅仅体现在部分地区和教师身上，而大多数的教师还是遵循传统的儿童美术教育观念，保留着传统的儿童美术教育行为。

在儿童美术教学实践中，教师的问题主要是在不知怎样把握不同价值间的联系，尤其是体现在教师主导地位与儿童主体地位的把握、知识与经验的总结、过程与结果的孰轻孰重等。因此，教师在把握各种价值之间关系时会遇到冲突、失衡甚至对立等情况。不少教师常常在主观上认为各种价值之间是对立的，客观上依旧保留着的最原始的思想价值取向。

当然儿童美术教育理论研究也隐藏着一些局限性。即使在儿童美术教育研究领域开始关注儿童美术的基本问题、美术欣赏教育等问题，但是儿童美术理论研究粗浅，研究人员较少等问题。所以儿童美术教育研究领域还需要不断壮大队伍，继续开拓新的研究领域，"路漫漫其修远兮"，我们的教育者们要不断追求，要更加深入地研究与探索我们的教育。

三、20世纪90年代末至21世纪初儿童美术教育全面探索时期

在世纪之交的重要时期，儿童美术教育从儿童美术的基本问题、儿童美术心理等不同学科进行研究和探索。儿童美术课程改革如火如荼地进行着，不同角度的美术学科研究陆续出现，像民间美术教育、生态式美术教育、体验式美术教育等课程。

儿童美术教育走向以促进儿童全面发展、多元化共存的美术教育价值，注重儿童在美术传承中的作用。儿童在活动中的体验、自主性探索的能力，是一种多个视角下的综合性学科教学的发展方向。1999年召开的第三次全国教育工作会议将美育写入教育方针，世纪之交的基础教育课程改革深刻地影响了21世纪儿童美术教育的发展，对于以后的学前儿童美术教育变革和发展起到了较好的促进作用。

（一）儿童美术教育的全面探索

世纪之交，社会变化剧烈，随之而来的是科技、教育迅猛发展，伴随着全球信息化的

①人民教育出版社幼儿教育室编. 艺术领域 ［M］. 北京：人民教育出版社，1994，前言，2.

发展，儿童美术教育进入了全面探索发展阶段，理论研究不断拓展，实践探索也处在不断深入的阶段，儿童美术的发展正由单一的课程教学转向多元化教育思想的方向。

1. 儿童美术教育理论的扩充

美术教育专家们在儿童美术教育方向进行了不同角度、不同研究方法的深入研究，并且产生了重要的影响。

在儿童美术欣赏教育研究方面硕果累累。为儿童美术课程的改革注入了活力。屠美如、孔起英编著的《学前儿童美术欣赏课程框架研究》，屠美如主编的《儿童美术欣赏教育研究》，孔起英编著的《儿童艺术欣赏的意义和策略》，边霞主编的《学前儿童美术欣赏教育内容的选择与活动的组织》等教材，这些理论成果为儿童美术教育改革提供了重要的理论与实践资料。

教育家们不仅从美术学科的角度进行改革，也与其他学科领域进行了融合。儿童美术教育结合其他形式的活动，这些活动应当是一个自然贯通自然融合的有机整体的美术教育，往往在这个过程中，幼儿美术教育的主题不只是一个，还会有另外一个暗线或者明线来辅助或者主导幼儿美术教育活动。这就是"幼儿园美术教育与其他教育整合的有效策略，是开展'双线索'的主题活动[1]"。研究者们开始关注主题教育活动、区角活动等美术教育的活动内容，儿童美术教育活动的基本环节包括"观察欣赏，感知了解、动手操作、活动总结评价"，美术欣赏活动主要包括"整体体验、要素分解、体验回顾、思想回访、动手创造"五个基本环节[2]。教师在具体的教学情境中，可以根据孩子的心理特点和经验来选择教学的主题活动，以此来设计教学方案。可以说，无论是教师的"教"还是学生的"学"，都应该建立在以儿童为本的基本理念中来。

儿童美术学习评价的内容不断丰富，主要包括儿童美术欣赏课程、儿童美术创作、美术作品的表现形式等内容。在欣赏课中，专家们总结出可以从儿童感知体验的效果、作品的表现方法、美术作品表达的主题、作品蕴含的思想感情四个方面的内容进行评价；从儿童在学习过程中的关注度来评级儿童欣赏的程度。儿童美术新的教育评价标准的建立，从传统的、单一的评价原则走向了多元化、多角度的评价标准。

2. 儿童美术课程

20 世纪末，中国的学前课程改革深受国外教育家维果茨基的社会建构学、瑞吉欧等教育家的思想深刻影响。到了 21 世纪，引进了多种学科的研究成果，比如生态学、人类学等。生态学在教育研究的探索中开始崭露头角，在美术教育领域出现了主张生态式美术教育的专家代表，如滕守亮、屠美如、边霞等。

---

① 边霞. 幼儿园美术教育与活动设计 [M]. 北京: 高等教育出版社, 2009: 138.

② 边霞. 幼儿园美术教育与活动设计 [M]. 北京: 高等教育出版社, 2009: 233-238.

儿童美术课程的改革侧重点明显，目标明确，幼儿的全面发展才是课程的关注焦点，促进儿童的全面发展，需要各类课程的相互融合，相互渗透，相互支撑，努力建构具有本单位的特色的幼儿教育课程体系，开发"本园、本班幼儿实际情况的课程"①。

儿童美术课程改革实践的方向主要从渗透式领域、五大领域主题活动、生活化游戏化、生态式融合与活动体验、多元整合和田野课程等角度出发。其主要成果体现在渗透式领域课程和综合主题课程基础上的主题网络课程，对儿童美术教育的发展产生了深远影响。

（1）儿童美术教育目标

儿童美术的教育目标是建立在以儿童的情感、态度和个性方面为出发点，促进儿童全面健康和谐发展。目标的确立更多的是以儿童为本的教育价值观上，围绕儿童展开的教育中心，注重教育目标的生成性和表现性特点，发挥儿童在美术学习过程中的个性化的表现。儿童美术教育的目标能从幼儿的角度出发，运用"感受""喜爱""喜欢""表现"等词语，明确了幼儿的主动"学"，发挥了幼儿主体性的特征。

（2）儿童美术教育的内容

儿童美术教育的内容注重儿童在周围的生活的感受和体验等方面的整合性特点，强调儿童在活动中建立主动建构知识的经验体系，形成儿童的开放性和生成性能力特点。

儿童美术的学科内容具体分为健康、语言、艺术、社会、科学五个领域，并且每个领域的内容都可以促进儿童情感、态度、知识与技能方面的发展。在教学中，围绕儿童为中心，开展以美术学科为主，与其他学科内容进行整合的综合性的课程内容，促进儿童的全面和谐健康发展。

儿童在新生活环境中互相依赖互相作用的关系，应当积极引导幼儿对正能量的吸收，和美好的人、事、物多接触，茁壮成长。让儿童充分利用身边的废旧材料，通过废旧物的再利用，制作玩具和工艺品等来美化我们的生活。

技能掌握程度的高低在美术课堂中的体现并不明显，并不是不重视技能的学习，而是受长期以来形成的不同的知识观和习惯的影响。强调"教"是要通过幼儿活动的作用对儿童产生影响，让"学"成为一定是幼儿通过活动的主动构建来完成②。这种表达的目的是希望儿童美术教育能够避免长期只重视知识技能，而忽略了在活动过程中的情感体验的感受。

儿童美术课程内容表达的是一种儿童的亲身体验的经验感受，教育从教材转向儿童的发展变革，围绕着儿童展开研究，让儿童发挥学习的主体性，强调儿童与美术教育之间的相互作用，这是一种动态化的教育过程，是以儿童发展为根本目的的教育。幼儿园综合教

①庞丽娟主编.中国教育改革30年（学前教育卷）[M].北京：北京师范大学出版社，2009：161.

②李季泥.对《幼儿园教育指导纲要》中的几个基本观点的理解[J].学前教育研究，2001，(06).

育课程中用"主题"表达的艺术形式建构幼儿的生活经验，注重美术教育的生活化和经验化，注重儿童课程主体地位的发展，从关注文本到关注儿童的转变，以更好地促进儿童的可持续的全面发展①。

（3）儿童美术教育组织实施

儿童美术教育彰显了儿童的主体性作用，教学过程中注重儿童的感受、体验、探索、发现，以及个人的思想情感，在对儿童进行评价时，要将儿童参与美术活动过程的能动性进行结合，避免只注重教学的结果或只注重最后的作品，鼓励儿童积极发挥个性色彩的表达和创新性能力的开发。这些都充分展现了儿童在学习过程中的主体性特征，及在美术教育中的突出地位。在美术教育活动中教师思考的是怎样提供给幼儿合适的空间，鼓励孩子在个性化等方面的表现和思维性的发展，当然这是非常重要的，但我们应该更多地倾向于多种材料的探索和运用，及儿童美术和自然生活之间的关系，这是在美术教育找到了它自己的本质，是一种回归的体现。

可见，儿童美术教育在注重教育活动的过程中，要充分发挥与周围生活、游戏结合的运用等手段，教是与生活、游戏相互融合的整体，让儿童在活动过程中得到探索与发现，这也加强了美术教育的整合性、游戏性和活动性。教师要根据儿童的年龄和认知性，意识到在不同领域内容之间的相互联系和渗透关系，把活动的综合性、趣味性、游戏性结合在一起，寓教于生活、游戏之中。儿童美术课程不断加强课程的预设性和生成性的运用，在活动过程中充分结合教学的实际情况以及儿童发展的变化，并根据变化随机生成有价值和富有教育意义的活动，所以我们的教学计划必须得要有一定的弹性、开放性、生成性的特点。一般来说，户外课程侧重于孩子对大自然和实践生产生活的体验，其结构往往是松散的，大概有一半的内容系统化，另外一半则根据户外情况灵活变动，这种课程结构被专家学者称为"半结构性"，这种教学活动必须做好充分的准备，这样才能保证教学活动的系统性、完整性和衔接性，教学活动应当机动灵活，特别是户外野外课程，活动往往会受到天气的影响，因此，应当做好活动的预案，否则活动会产生不好的影响。因此，在教学活动过程中要具有一定的弹性，在教学活动中我们可以随机做出相应调整和改变，而并非完全按照原方案进行教学活动②。所以这些预设过程是开放的、互相融合的生成性的教学活动。

（4）儿童美术教育评价

在儿童美术教育活动中，感受与欣赏、表现与创造、反思与评价之间是相互交融、相互渗透、互相支持、相辅相成的关系。

①南京市实验幼儿园编著.幼儿园综合教育课程主题活动方案设计小班（下）[M].南京：南京大学出版社，2004.
②许卓娅主编.幼儿园课程理论与实践[M].南京：南京师范大学出版社，2002：298-299.

儿童美术教育的评价与反思是促进儿童发展的重要内容。教育家们研究总结出儿童是美术评价的主体，教师要为儿童创造条件，通过作品的展示，加强儿童之间的交流，儿童之间进行自我评价和儿童之间的互评，不仅能够获得良好的情感体验，并提高其反思与评价的能力，促进儿童的共同发展。

幼儿、教师、家长在儿童美术教育的评价中承担的是主体的作用，这充分体现了评价主体的多元化特征，必然呈现出多元化的评价方法和评价标准。评价及衡量幼儿的作品不仅仅以"像不像""对不对"，画面是否整洁，涂色是否均匀等为标准，而要更多地去关注幼儿在想象力、创造力等方面的独特能力①。《纲要》中也从多个方面对于儿童发展状况的评价做出表述，例如在日常活动中尽量自然亲近的方法，在整个儿童教育过程中体现的更多的是人文关怀，照顾到儿童的个人性发展，承认儿童生长发育的个性特征，进行儿童差异化教育培养。注重孩子的特长发现，并实现幼小初的完美衔接，因为对于每个孩子的认识是一个漫长的过程，每个阶段也存在不同的特点，但是教育应当是一个完整的系统的过程，对每个孩子的认识应当有衔接，如幼儿园的老师和家长应当帮助小学老师让孩子逐渐适应学校生活，幼儿园的老师应当和家长共同与小学老师做好沟通，把孩子的优点和需要培养改进的地方向小学班主任老师及任课老师实现顺利交接。

儿童美术教育评价中有所体现的理念是教师与儿童之间的平等对话，评价标准因人而异，注重在美术活动过程中的感受与表现，关注纵向评价等理念。在教学活动中，教学评价的主题是儿童，而不是教师；评价时要因人而异，不是统一的标准；儿童的感受与表现也是评价的重点；儿童的情感表达、个性的发挥、创新能力也是关注的重点。

（二）具有代表性的儿童美术教育理论与实践

儿童美术教育发展迅速，儿童美术教育理论与实践的教育成果百花齐放。教育理论家与教师们进行交流、合作，在实践的基础上开展研究。他们研究了系列的儿童美术教育理论和实践，结合理论指导行动，在行动中进行理论总结，在理论中进行行动的方法，使得理论与实践相互贯通与融合。

1. 儿童美术欣赏教育理论

在 20 世纪 80 年代前后，儿童美术教育内容包括绘画和手工两个部分，美术欣赏变成可有可无的课程，这是美术教育存在的缺陷。在这样的一个背景下，儿童美术教育界屠美如、孔起英、边霞等专家们对儿童美术的内容重新进行了整理。他们经过多年的调查、研究，整理了一套教材——《现代儿童美术欣赏教育丛书》，涉及的内容包括《中国画》

①边霞. 幼儿园美术教育与活动设计［M］. 北京：高等教育出版社，2009：252.

《西洋画》《民间美术》《雕塑与建筑》四大类，这套教材为儿童美术欣赏课提供了理念及内容的支撑。他们还发表了大量的学术论文，阐述自己对儿童美术的见解，还出版了专著《儿童美术欣赏教育研究》一书。

屠美如、孔起英、边霞等教育专家们对儿童美术欣赏的原理、课程结构、实施方案等内容进行了研究与探索。他们提供了美术欣赏的基础知识导读和教学录像，解决了教师们在欣赏课中出现的不同观念、知识框架、教学方法的问题。在提出儿童美术欣赏课程框架的理念后，对儿童美术欣赏的实践活动产生了重要影响。

课程"借鉴学科取向课程理论，强调艺术的审美价值，结合儿童美感发展的特点，以艺术鉴赏为中心而建立，把对美术学习、了解与欣赏作为美术教育的重要目标。"① 课程主要包括四个大的领域的内容，主题与儿童的生活有着密切联系；作品的选择要具有艺术性的特征，并适应儿童的年龄特点。在欣赏课中还提出运用对话法的教学方式，教师和孩子们在欣赏课中通过交流和沟通，孩子们自由表达对作品的理解，真正了解儿童内心的感受。

管理工作者们意识到儿童对美术作品的欣赏能力具有很大的开发性，她们进行了反思与总结，从儿童的日常生活入手，将美术表现与创作、欣赏与表达进行融合，以此促进儿童审美能力与美术创作能力的共同发展。

2. 民间美术在儿童美术教育中的传承

随着世界变革和多元文化的发展，继承和弘扬优秀民族传统文化、与世界多元文化的融合对社会的发展有着深远的影响。民族的就是世界的，特别是进入21世纪以来，世界多国都将保护生态文化作为教育改革内容的一项重要任务，于是民间传统文化的抢救与保护不断受到我国社会各界的广泛重视和关注。目前普及学前教育的难度还是存在的，在这种情况下要充分考虑到民间办园的可行性，充分利用社会的可用资源，引导儿童热爱中国传统文化，培养儿童爱国、爱家、爱社会，让儿童随时随地就可以接触到中国传统民间艺术文化宝库，增强孩子对国家的热爱，对民族凝聚力的信心。民间艺术是我国传统文化的一颗耀眼的明珠，具有重大的艺术价值。"中国民间艺术是生活的、民俗的、大众的美术，它反映的是劳动人民的精神世界和独特风格，它蕴含了丰富而又浓厚的社会历史以及最基本的精神品质。"② "民间美术的生活性、审美性、实践性和综合性对幼儿的全面和谐发展具有重要的价值意义。"③

民间美术是人民大众的艺术，具有文化传承和促进民族文化发展的重要形式之一。儿

---

①屠美如，孔起英.学前儿童美术欣赏课程框架研究（上）［J］.幼儿教育，1999，（11）.
②赵玉兰等著.走进民间艺术世界：幼儿民间艺术教育研究［M］南京：南京师范大学出版社，2005.
③虞永平.文化民间艺术与幼儿园课程［J］学前教育研究，2004，（01）.

童是重要的文化传播的载体，为培养儿童的民族文化的意识，我们要加强儿童对民间美术的理解和认同，培养儿童对民间美术的兴趣，提高儿童对民间美术的兴趣，不仅有利于发展儿童的想象力和创新能力，还能促进儿童全面发展的长期战略。

教育专家们通过对民间美术进行研究，整理出了民家美术课程内容的宝贵理论资料。根据对新教改的方案和艺术领域的教育目标的指导，制定了民间美术的教育目标。提出在儿童美术教育的过程中应当目标清晰化、具体化，落实的过程应当具有很强的可操作性，否则目标很难实现。根据美术教育目标，涉及不同年级不同性别的特点，制定出阶段性的美术教育目标。其总体目标包括：一是，每周一、三、五在老师的带领下欣赏、观瞻民间美术作品，体验中国民间美术的魅力；二是发现美术作品的优美，对民间美术有初步的轮廓和印象；三是能够在老师的指导和帮助下开展非常简单的评价或者议论，能够简单地说几句作品的特点，如什么地方好看，为什么等，如达不到这一目标，教师可以介入引导；四是学习简单的剪纸技能，尝试制作简单的剪纸作品；五是培养学生对民间美术的兴趣，能够与同龄人进行民间美术作品的简单交流。

在民间美术的教学活动中，教师们要从儿童周围的生活为出发点，根据儿童的不同年龄特点，选择具有代表性的或当地特色的艺术作品，采取多种形式的教学活动，比如渗透式教育，特色游戏等，让民间美术真正融入儿童的生活中。

民间美术教育的评价方法应遵循多层性、现场性、发展性、多元性的教育原则，重视评价过程中主体与方法的结合，结合即景性与即时性特点进行评价，最终促进各方面的和谐共同发展①。

3. 生态式美术教育的开发

当今社会造成人与人、人与自然分化的原因归结于社会的高度工业化发展，随着环境污染日趋严重，人类的生存处境日益恶化，我们需要去保护我们的生态环境，同样，文化生态也是这样的道理。

在教育领域中，分科教学长期以来一直占据着主导地位，各学科之间没有联系，只是强调自身的知识结构，这与儿童的生活失去了关联，把各学科之间的生态关系隔断开，造成儿童发展的片面性。而生态观体现的是事物之间的系统性、整体性、共生性、和谐性的特点，这是一种可持续发展的观点，其观点认为自然界中的任何事物是相互联系、相互作用、共生互补的，这样才得以可持续发展。正如刘易斯指出，"地球是一个结构松散的球状生物，其所有的有生命部分是以共生关系联系在一起的。"②

---

①南京市梅花山庄幼儿园教科室.民间艺术教育的目标及内容［J］.学前教育研究，2004，（01）.

②［美］刘易斯·托马斯著，李绍明译.细胞生命的礼赞［M］.长沙：湖南科技出版社，1995：89转引6滕守尧.艺术与创生——生态式艺术教育概论［M］.西安：陕西师大出版社，2002：5.

滕守尧首先提出生态式艺术教育观，他将生态学观引入艺术领域。他说"把音乐、戏剧、舞蹈、绘画等多种艺术形式进行交叉和融合，把美学、艺术史、艺术批评、艺术创造等多种学科之间的互生，互补的综合性，不断提高学生的人文修养和艺术能力，生态式美术教育改变了各种知识之间的生态失衡状态，意在培养具有可持续发展能力的人，旨在培养具有真正智慧的人、并能够适应现代社会发展要求的全面发展的人。"① 生态式艺术教育注重艺术与其他领域之间的相互交融、和谐共处的关系，生态式美术教育强调通过对立的二元之间的联系和对话，促进儿童学习能力的可持续发展状态。

接着，屠美如在滕守尧"生态式美育"观点的基础上，开展了以审美教育为出发点，用人文主义精神中的爱、美、生命等要素融入美育教育中来，以此来促进儿童人格的形成，促进儿童价值的自我实现，实现个人与社会，自然与人，感性与理性的统一，并实现真、善、美统一的幼儿园生态式融合课程研究②。生态式教育加强了不同学科之间的联系将社会、科学、艺术、健康、语言等不同领域进行了整合，在课堂教学中综合运用教学方法，打破了传统单一、鼓励的教学模式。

生态式美术教育的主旋律是让儿童感受生命、关爱生命和表现生命，具有整体性、融合性、开放性的特点，其主要在于感受和体验生活，体现了儿童认识世界、把握世界的行为方式是一致的。

边霞在《幼儿园生态式艺术教育：理论与实践》中研究了生态式艺术教育的基本理念，并且取得了丰富的实践成果。"生态式美术教育强调每一个单元内部当中的美术学科与其他学科之间，美术学科内部的各美术门类之间，美术欣赏与艺术创作之间的相互贯通、相互融合，以形成和保持一种良好的生态关系。"③

生态式美术教育表达了以儿童发展为本的发展整合观、教学内容综合观、过程的整体观、对话观与平等观，实施的方法是围绕一个主题线索展开研究，并结合相应知识和技能方面的线索开展活动，也就是进行双线索的单元活动的开展。单元内容要与主题内容之间有一定的联系，而且每个活动都包括活动目标、作品的选择、活动的准备、教学设计、评价等环节。虽然在教学设计中存在着不同，活动本身也具有一定的灵活性，这也恰恰体现了生态式美术教育的生成性和开放性特点。

4. 体验式艺术教育

体验是通过实践来认识周围的事物，是在实践活动中产生的独特的内在感受。艺术体验是一种深层次的、高度性的和生命活动息息相关的内心感受，具有情感性、综合性等

①滕守尧. 论生态式艺术教育［J］. 陕西师范大学学报，2003，（05）.
②屠美如. 屠美如文集［M］. 南京：江苏教育出版社，2008：382-390.
③边霞. 生态式艺术教育的基本思想与实践探索［J］. 学前教育研究，2003，7-8.

特点①。

80年代开始，我国儿童美术的教育转向儿童美术情感体验式的教学目标。

情感体验是儿童美术教育活动中"艺术性"体现的重要标志，且具有独立的价值和意义。托尔斯泰所说，"美术是这样一项人类活动：一个人用某种外在的标志有意识地把自己体验过的感情传达给别人，而别人也会为这些感情所感染，体验到这些感情。"② 到了21世纪，关于体验式美术教育的研究渐渐引起重视，如孔起英的"以体验为核心的儿童审美教育理念与实践研究"，南京市实验幼儿园的"幼儿因体验式美术教学的实践研究"，这些研究都体现出儿童美术教育的重要性，都具有较强的意义和价值。

另外，儿童教育专家在美术教育活动中获得的情感体验，在教学环节中进行体验要素的总结，教师在活动中引导儿童进行体验式活动的研究。在教学环节中儿童体验的表现形式是多种多样的，可以从工具材料、艺术作品、技能方法、成就感等方面体验。

艺术来源于生活，生活是艺术的源泉，生活体验是审美体验的基础。儿童要获得更多的审美感受，必须要走进我们美丽的大自然，融入自己的生活中去，在生活中感受自然，体验生活，获得灵感；儿童要学会欣赏各种表现形式的艺术作品，在与作品的对话中体验美的感受；儿童通过作品的表现与个性色彩的发挥，在创作中获得更好的艺术享受。

孔起英认为，"只有将孩子投入到大自然的怀抱当中，让他们充分体验自然事物，丰富多样的生命运动，或者是有着类似于主体结构性和符合儿童的生活晶莹的艺术作品，'以身体之，以情验之，以思悟之'，儿童才能产生丰厚的审美愉悦感，获得健全完善的人格。"③ 易晓明提出美术教育应引领儿童进入古今中外优秀的美术作品与作品对话进入到生活世界中体验生活④。

(三) 全面探索时期学前儿童美术教育的特点与分析

自20世纪90年代末以来，儿童美术教育进入了多元性、融合性、生态式的发展趋势，对儿童美术教育的发展具有重要的意义。

1. 儿童全面发展的方向，多元价值共存的美术教育价值取向

儿童美术教育初步建立了针对不同区域的多元化价值的教育方向。我国幼儿教育工作者对教育观念、教育方式等方面的发展以及有效指导幼儿教育实践的理论需求表现出强烈

①陈迁.艺术体验探析 [J].辽宁教育行政学院学报，2009，(03).

②[美] 布洛克著，滕守尧译.现代艺术哲学 [M].成都：四川人民出版社，1998：108.

③孔起英.体验：儿童审美发展之必需 [J].学前教育研究，2010，(10).

④易晓明.寻找失落的艺术精神——儿童艺术教育新论 [D].南京师范大学博士学位论文，2004.

的愿望①。儿童的受教育权和学习权得到重视，儿童的主动性不断显现，具有时代特征的儿童可持续发展的教育目标日益突出。"强调教育目的应该包括受教育者天赋潜能的开发、内在天性的发挥等属于人的完善方面的内容。"②

儿童美术教育要根据不同区域发展的实际状况，因地制宜地进行素质教育的实施，为儿童的发展做好铺垫。这正体现了每一个儿童在美术教育中主体地位的体现，可以帮助儿童健全人格，促进可持续发展的战略目标。

儿童美术教育要与时俱进，要改革创新，儿童的终身教育、个性化教育等教育思想不断产生。这些新思想对促进儿童的学习权、主体地位、独立性等方面都起到了发展的作用。作为艺术活动的主体，是在艺术活动中主动进行知识的建构，使得美术教育逐渐回归生活。显然，儿童艺术教育价值取向确立为以儿童发展为本的教育观。美术教育的目标"既不是美术本身，又不是美术作品，也不是审美的体验，而是儿童本身。通过美术教育的培养，将在任何可能适应的环境中愈来愈具有创造力的去运用美术经验。"③ 儿童美术教育要适应社会的发展，要与时俱进，并且与地方发展相结合，加强儿童美术教育中个性的发挥和主体性地位。要以儿童发展为中心，建立多元化价值共存的儿童美术教育体系。这是儿童发展自我价值与社会发展价值的体现，是学科价值与儿童发展价值并存的教育趋势。

美术教育不是局限于作品或是艺术本身，更多的是在培养儿童个性与创造力的发展，人格健全发展等。

2. 儿童发展与美术文化传承的整合

随着素质教育的提出，国外先进教育思想的引入，国外重要的工具论的代表人物里德（H. Read）与罗恩菲德（V. Lowenfeld）主张艺术教育促进儿童人格的发展，本质论的代表人物艾斯纳（E. W. Eisner）和格内尔（W. D. Greer）主张艺术教学应具有学科性、顺序性，以学科的标准来评量儿童的学习成果，这些先进的教育思想促使人们的教育理念不断深层化，对我国儿童美术教育理念的变革起着重要的积极作用。

儿童美术教育将工具论与本质论进行有机结合，这在儿童身心发展规律、儿童审美心理特点以及美术学科发展的规律上都是一致的。当然，儿童美术教育的作用是需要美术技能来支撑的，完成对美术作品的艺术表现和创作，所以儿童美术教育表现在激发儿童的内在潜能，提高儿童的学习兴趣，在作品中自由表现、发挥儿童的个性，提高儿童的创新能力方面。儿童美术教育是进行本质论与工具论的有机整合，坚持方法与目的的一致；既可

---

① 李辉.《幼儿园教育指导纲要（试行）》的哲学、心理学与教育学基础（上）[J]. 幼儿教育，2002，（01）.
② 吴康宁. 社会变迁对教育变迁的影响：一种社会学分析 [J]. 华东师范大学学报，1997，（02）.
③ [美] 阿瑟·艾夫兰著，邢莉，常宁生译. 西方艺术教育史 [M]. 成都：四川人民出版社，2001：306.

以促进儿童发展，也是美术文化传承；既是对儿童的艺术天性的尊重和符合美术规律的发展，也重视美术教育的推动性；既要关注美术教育活动的过程，也要重视作品的完成效果。

3. 重视体验、探索、对话方法的结合

"从本体论的意义上来看，体验就是儿童的生命活动，是人性的不断丰满的过程。"① 教育工作者为加强儿童在美术教育活动中的体验和感受，他们进行了长期的研究，传统的儿童美术教学形式已经消失，新的教育思想应运而生。儿童对世界的认识是通过"一体化的感受"获得经验的，儿童的看与听，身体的运动等动态式的学习，这是感性与整体认识的结合运用。

不管在美术欣赏还是在创作过程中，儿童是通过多个感官来进行艺术的创作。儿童的学习来自他们生活中的感受，而这种感受又源自他们在生活中的体验……所有种类的艺术都被视为获得意义的途径②。体验的获得来源于儿童的生活和经验中，失去了与生活的接触，儿童的体验就像是无源之水、无本之木一样，也就失去了源源不断的生命力，这对儿童的人格发展、终身发展和可持续发展是不利的。

传统儿童美术教育在教育活动的开展中，没有创造与想象，没有探索与发现，采用注入式的、机械训练等形式，因此不利于儿童的想象力、创造力的发展，不能够保证人格的健全发展。

自 20 世纪 90 年代末开始，儿童美术教育开始关注儿童主动学习的能力，允许儿童在自由探索活动中进行知识的建构、思维能力的锻炼以及对工具材料的探究、不同表现手法的运用等，通过个体探索或共同探索，发挥儿童的主体性，促进儿童在认知、情感、社会性等各方面共同发展。

儿童美术教育在教学活动运用对话与交流中促进儿童发展。生态式美术教育开展的基本形式是对话。对话是儿童美术在教学过程中的一种表达方式。这种对话是人与人之间的对话，包括教师与儿童、儿童之间、教师之间；儿童与文本，儿童与环境、工具材料；美术与其他学科之间的对话等。

儿童美术教育中的师幼关系是人际关系的核心。"对话仿佛是一种流淌于人们之间的意义溪流，它使所有对话者都能够参与和分享这一意义之溪，并因此能够在群体中萌生新的理解和共识。"③ 教师是人类灵魂的工程师，是与儿童之间一种民主、平等、友好、和谐的关系，教师要尊重儿童，发现儿童的内在潜能，给予儿童体验、探索、交往、表现的

①孔起英.体验：儿童审美发展之必需 [J].学前教育研究，2010，（10）.

②[美] 阿瑟·艾夫兰著，邢莉，常宁生译.西方艺术教育史 [M]，成都：四川人民出版社，2001：219-220.

③[英] 戴维·伯姆著，李·尼科编，王松涛译.论对话 [J] 北京：教育科学出版社，2004：6.

空间，提升幼儿的经验，促进幼儿的全面发展。

4. 存在的局限性

改革开放以来，儿童美术教育在理论与实践上的探索和发展是值得肯定的，但是儿童美术教育必然还存在许多的问题。比如在儿童美术教学活动中，教师在教学中提前设计的成分很多，但儿童自主探索的空间却很少。这也是让我们在思考关于儿童美术教育的未来发展方向。教育者们考虑的是儿童在美术教育的过程中是否能够享受其中的快乐，而不是一些外在的目的或干扰。

（1）儿童美术教育实践中仍然存在功利化、技艺化倾向

虽然儿童教育工作者大都知道美术教育是以儿童为本，目的是促进儿童的可持续性的发展，但是，在教学活动中却出现了美术教育功利化的现象。他们只是为了满足家长的心理需求，使得幼儿园的利益最大化，但却不利于了儿童本身的发展。因为许多家长只关注儿童美术学习的最后结果，常常忽视过程的重要性。比如注重儿童画得像不像，对不对等简单的理解上，也就是说家长对学习好与坏的衡量的标准是儿童是否掌握正确的技能。

技艺化的衡量标准源于家长对儿童美术教育评价的功利化所致，因此在儿童美术教育中仍然保留着灌输、机械训练等方法。比如，在美术教育活动过程中，当幼儿说不会画时，有些教师会直接帮助幼儿绘画。所以，体验的缺失是儿童美术教育实践中存在的实际情况。

（2）美术教育理念先进，教学实践行为相对滞后

虽然在教育理论上取得了丰硕的教育成果，但在贯彻和实施上却相对落后。虽然教师们遵循儿童的身心发展规律和特点进行教学，注重儿童的感受和体验，鼓励儿童的自由发挥和自由创作以及个性化的表现形式，儿童是学习的主体，美术教育的目的是培养儿童对美术的兴趣、提高美术修养、促进儿童人格健全发展等观念。但是由于观念转变行为是相当复杂的，受传统观念与先进教育理念的碰撞，教育体制、社会制约等因素的限制，将先进教育理念转化为教学实践行为的过程中困难重重。所以儿童美术教育理念与教育实践之间仍存在很大的差距。

（3）美术教育发展水平在不同地域之间的差距更加明显

由于我国经济发展水平的不一致，导致儿童美术教育在不同区域产生较大的差距。在城市和农村教育中尤其明显，城乡之间的教育程度差别较大。因此，我国儿童美术教育的发展水平在地域差距上是比较突出的。今后，我们的儿童教育工作者需要共同努力，在较大范围内实现儿童美术教育理念与实践的变革，这一道路漫长而又深远。

纵观改革开放近 40 多年，儿童美术教育价值取向慢慢走向平衡，日趋全面和成熟。儿童美术课程逐渐从单一走向多元、融合和生态式的综合课程。儿童美术教育的发展与变

革受到各种教育观念和社会发展的制约和影响。儿童美术教育应从生活中的实际问题为出发点，追求有意义的、有价值的创造。同时，为了教师和儿童之间能够平等对话和相互尊重，儿童能够自我成长与探索，教师要做到润物无声，教育无痕。除此之外，儿童美术教育的发展既扎根于民族传统文化，又面向多元化的世界，相互贯通、相互融合，不断探索和研究本土化的中国特色的儿童美术教育。

第五章　儿童美术教育的发展与基本理念

对儿童来说，美术能力的发展在很大程度上体现在绘画能力的发展方面。绘画是儿童喜爱的、表达思想情感、与人进行沟通的重要手段。只要身心发展正常的幼儿，从一开始的随意涂画起，就可以自由地运用绘画语言进行自我表达。

儿童绘画的发展水平是衡量儿童身心健康发展水平的重要标志之一。根据国内外教育专家的调查和研究，总结了儿童绘画发展能力的三个年龄阶段。

一、1~3 岁的涂鸦期，也叫抽象象征期

大约在 1 岁左右，幼儿开始学走路，在用手探索周围的各种事物时更能自由，也会接触到一些绘画工具，比如蜡笔、粉笔，甚至是树枝、瓦片等。这个时期的幼儿重复地进行同一个动作，幼儿最初的涂鸦是没有任何目的的，不讲究色彩与构图的乱涂乱画。这是幼儿感受物体的形态，画出物体外部形状的一种直观体验，能够自由地夸大或者缩小物体，是通过绘画形式来表达自己对外部事物的感受，抒发对世界认知的一种表现。首先，这一阶段是孩子已经能够自由行走并拥有语言表达能力，幼儿能主动地拿起绘画工具和材料来进行涂画，画面是完全抽象的。这是他们的感知觉、动作之间有了一定的协调性做出的新

探索，是一种新的动作练习，属于手臂的运动。在孩子们眼中，这种乱涂乱画似乎是一个新的"游戏"活动，并享受带来的快感和新结果——线条的出现。当这种动作不断强化时，幼儿就会继续探索和练习下去，逐渐画出有条理的线条。而在成人的视线里，看似简单的乱画却反映出了对不同问题的理解，而这些问题在不同的孩子身上有不同的体现。

1岁的儿童进行画画时，是一种无意识，无目的的涂鸦，可以说是只进行了一个新的运动——手臂的运动。1.5岁的儿童的小手腕能够灵活点在纸上画出直线、曲线。儿童在2岁开始进入有意识的涂鸦阶段，当他们看到自己画出来的线条、痕迹时，不管是画圆圈还是画直线，这个时候儿童会感到兴奋与满足。他们不管在高兴时还是在不高兴时，所画出的圆圈有不同的特点，心情高兴的时候形状画得相对很圆滑，不开心的时候画的形状就会不完整、不规则，速度也很快，画画时手劲儿还很重，甚至会把画纸划破。这也正反映了这个年龄阶段的特点。

2~3岁的儿童已经对周围的事物充满着兴趣，他们会试着通过去接触所有完全可以触碰到的东西来表达自己的想法。在这个年龄段的儿童对形体没有完全明确的表达，只是一种运动表达而已，也可以说是一个运动型的游戏。

2~3岁的儿童已经开始涂鸦，他们对周围的事情充满了好奇，在游戏中自由地运用不规则的线条和色彩表现自己的思想。涂鸦的年龄越早越好，这个年龄段的涂鸦是传统式的绘画阶段，基本上不受年龄的约束，只要有基本的抓握能力就可以开始了。比如8个月大的孩子可以用手抓着沾满颜料的纸团到处涂。然而大多数的孩子在1岁以后对于"乱画"充满了好奇。孩子也可以用挤出来的各种颜色，发挥他们自己的聪明才智，会将颜料任意搭配，会肆意得运用长短不一的线条表现内心的事物，他们有时会用手中的画笔画画，有时会用灵活的小手随意涂抹，他们会在纸上表现物体，也会在心血来潮时画在墙上、地上，在地上踩满了小脚丫，他们这时的线条都在他们的能力运行之内。

其实，他们只是想知道这个东西到底会发生什么变化，所以他们会将地上、身上、墙上，弄得到处都是，但这个时候我们应该高兴的。这其中的探索是他们对绘画材料在不同感官上的认识，是他们以小大人的身份来亲身感受，这是不可缺少的亲身体验。

涂鸦是孩子成长过程中的重要历程。当孩子用任何材料画线条时，经常会出现把纸捅破的现象。每个孩子的力量是不同的，他们会用尽全身的力气去表现每根线条，他们认为自己越用力，线条的表达就越明朗，于是他们用力地去画好每一根线条，看到自己完成的作品会很开心，以此来证明自己的力量，这是孩子成长过程中的内在需求。所以我们给孩子提供的纸要大而厚，孩子们可以尽情地运用自己手上的力量，这样就不会产生绘画的挫败感，更不会去逃避。

儿童美术教育家杨永青老先生说过，"这张是小点，这张是大点，这张更大了，不要看别的线条的力度，他们的力量在变化，这也说明他们在不断长大哦"。所以这涂鸦的第二步，并称之为"力量演变"。

涂鸦具有丰富的情感表达。2~3岁的儿童涂鸦画已具有抽象性和象征性的特点。孩子画面上的每一根线条具有明确的方向性，这实际上是孩子内心世界的表述，具有明确的意义和内涵，也就是线条和色彩具有明确的象征意义。画面中线条和色彩的运用是孩子们对事物的理解，是孩子们思想情感的真实表达。

在20世纪初，欧洲的儿童研究家们已经常常通过孩子的绘画作品来分析他们的心理状况，心理医生让孩子用涂鸦的表达方式化解他们的情感困惑和心理危机。近几十年来，我国中科院心理研究所的李文馥研究员一直通过涂鸦来研究儿童心理问题。

涂鸦是孩子的"心灵画语"。画面体现的是游戏或力量过程中的"划"的动作，这些动作结果并不是最重要的，因为他们不是从结果获得快乐的，而是在过程当中获得的。似乎是相同的动作，却有了质的变化，"划"出的线条和色彩是内心世界的再现，也正是因为这些独特的象征，使得彼此之间产生关联，形成属于孩子自己的"画"面。

涂鸦期的作品是儿童美术的最初阶段。当我们能够清楚地了解到涂鸦阶段的特征，就会改变对作品的态度。涂鸦阶段是孩子学习和生活当中必不可少的阶段，作为家长不能剥夺了孩子这个时期的特殊表达权利，我们要学会倾听孩子的心声，不要忽视孩子的"画语权"。

涂鸦的每一个过程是相互联系、相互影响，每一个不同年龄阶段都有着自己的重要性，所以不能轻视每一个阶段。但这一过程恰恰是我们最容易忽视的。因而，经历过不同涂鸦阶段的孩子，他们对于绘画的状态表现是不一样的，那么他们在表达内心时会更加自如顺利。在妈妈眼里的好孩子表现出的并不是天赋，而是早已经玩过，他自然就知道了不同的玩法会产生不同的结果，所以看起来就比较顺利。

另外，每个孩子都具有不同的身心发展个性，对于涂鸦的年龄，我们的划分也并不是绝对的，或许有的孩子表现出来得早，或许有的孩子表现出来得晚，但这些都并不是最重要的，我们要做的就是让孩子尽可能地去接触涂鸦，而且开始的时间是越早越好。

二、3~7岁的象征期是儿童美术的灿烂阶段

在绘画中，当我们成人用清晰严明的价值观和审美趋向表达自己对世界的认知时，孩子们却在绘画当中书写着对这个陌生世界的感知，表达着生命成熟的过程。他们用艺术来表达对于这个世界的感受，他们在绘画和创作的过程当中会自觉地选择材料，在进行一些色彩判断的同时，他们与成人在创作这件事上没有本质的区别，更没有高低之分，尤其是3~7岁的孩子。

随着3岁孩子年龄的不断增长，他们经常把圆圈和线条结合起来，也就是我们常常说的火柴人，但是在这个阶段，孩子们把他们所看到、想象到的所有物体都赋予了其生命，如铅笔和本子都有小嘴巴，他们都可以微笑，也可以哭泣。如果是一些他们并不感兴趣的事物，他们就会表现得十分凌乱，表现内心对事物的不喜欢。

艺术家们希望能够突破所谓一成不变的经验观念重新去认识世界，回到心灵的最初之时，同时他们也渴望拥有孩子们纯洁的眼睛和心灵。不管在成人的世界表现出来的童真是否真实，但是他们的内心正在寻求着孩童般的天真，否则这些作品就充满了固有的经验，那么这个世界上就不会有辉煌伟大的艺术创造。

所以对于3~7岁的孩子的作品，我们更要去尊重，要更清楚地认识到儿童的作品是孩子们内心情感的一种表达，不再是简单的涂鸦。3~4岁是绘画阶段的过渡时期，表现的是或早或晚的身体或心智的差异性。3~4岁是儿童的后涂鸦期，是儿童涂鸦期到象征期的重要转折阶段。

对于4岁的儿童，随着年龄的增长，手部的小肌肉不断发达，便开始不厌其烦地画自己喜欢和感兴趣的事物。他们对于自己喜欢涂的颜色都有个人的选择，男孩子更多地偏向冷色系，比如蓝色调、绿色调，女孩子更多地偏向暖色系，比如红色调、黄色调。孩子都喜欢用红色来画暖暖的太阳。但绘画与孩子的心情是相互折射的，他们在不开心时，会将太阳画得阴暗，在开心时则会用暖暖的红色来表示。这个时候，我们不要阻止他们，也不要去扼杀他们这种心理变化的涂鸦，我们应该做的是鼓励他们表现出这种情绪，让他们在画面中尽情地表现自己的内心情感。

在5岁这个年龄阶段，孩子们表现出的是不仅能够抓住物体的基本形状和特征，而且还能表现出物体之间的联系性，画面内容非常丰富，表现能力非常强。作为成人不仅要用眼睛来看，最主要的就是用耳朵倾听，儿童对于自己的画可以讲出一个非常有趣而又生动的小故事。所以老师和家长给予的是鼓励，而不是过多地加入自己的想法。

象征期也就是"主观写实期"。"主观"是孩子们对事物的观察和丰富的想象力，对客观世界源自内心的本真的认识。可以说在这个时期孩子们主观的心灵世界是他们自己眼中的世界，并不是从成人的角度看到的客观事实，同样他们又可以通过主观的形式来表达，对于外部世界中美好的事物，这种表现与成人的透视法则和色彩理论等经验技巧技法是没有关系的。

象征期是孩子脱离涂鸦期的重要阶段，主要是靠着感受来认知事物，能够根据自己的感受和自身的经验展开想象力，自由地运用线条和色彩等绘画要素来展示画面的主题，来表现主观世界的一切。绘画的标准不是像与不像，而是超越现实世界的具有象征意义的画面表达形式。

在象征期阶段的孩子，他们的作品是一种来自自身审美价值观、情感、个性化色彩的画面关系，是独一无二的思维探索和表现形式的绘画时期。在这个阶段中，线条、色彩和形状是主要的表现形式，也是最为重要和辉煌的阶段。

孩子们绘画的主题主要是对周围的人物或场景的描绘，孩子们的自我构建能力，让他们对造型、色彩上的表现可以自由表达，用自己独特的视角和方式进行，甚至是超越真实的带有象征性的表达，我们经常会看到孩子们不厌其烦地向我们来讲述画中的故事，包括每块色彩、线条的独特意义，那么孩子们此刻讲的是最可贵的东西。因为那里有蕴藏着更宝贵的想象力和超越形象的深层含义。

所以，我们常常会看到有些孩子画的树异常鲜亮，树叶子常常比树还大，花朵比树还大，但是这时候我们表现出的应该是欣赏的态度，因为他们拥有了象征性表达的能力和心理特征。但是如果孩子表现的画面关系是造型准确、比例协调的事物，要意识到问题的存在。孩子具有的主观表达能力已经被程式化的经验模式所取代，所有自主创作的权利已经失去。

儿童在作品的创作中出现问题时，产生的主要原因是成人过早地引导，导致儿童在创作时已经过早地被动接收了生活中的经验和知识，出现呆板的教条主义形式的理论指导，让孩子失去了自身在生活中的真实感受。在这个年龄阶段的孩子中如果要求孩子使用同一种模式化的教学，或者说是用模仿的方式来表达客观世界，这是不符合儿童的美术教育发展规律和年龄特征的，导致他们的创作兴趣下降，还会造成对形象的想象与创造性发挥受到不可回转的压制，甚至会永远失去。

处在象征期阶段的孩子，已经具有象征性特征的平面绘画表现形式，而且在体验过程和立体的表现方面的意识特别强烈、明显。因此我们要尽可能地去给他们提供各种美术创造的表现形式，在具体的体验中通过想象、实践理解和认识外部世界的形态的机会。

3~7岁的年龄阶段，他们对事物的观察和理解正处于不断发展和丰富的时期，他们需要多角度、多思维方式的体验方法；孩子们的手部肌肉也变得具有可控性。当这些条件已经达到时，他们就可以将内心的天马行空表现出来。孩子们用自己的双手制作出自己内心想象的劳动成果时，亲身经历了制作过程，这对孩子来说是多么开心的一件事。这不仅锻炼了手部与脑部发展的协调性，开发了儿童的想象力，使得孩子的内在心理需求与日益成长的思想得到满足，让他们的内心世界变得充实，增强了孩子的自信心，加强了与周围世界的联系，也提升了孩子对事物的理解力。

3~7岁是孩子的想象力和心理各阶段发展的重要过程，是人的一生中非常关键的时期。他们的作品构图中已经很明确地安排物体前后、主次的关系。在这个阶段他们的观察能力已经很强，同时也涌现出很多问题，他们的画面中呈现的物体也会用写实的技巧去表现，会有意识地努力表现出真实的物体。

孩子在感知觉方面对色相辨别的能力很敏感，在老师的指导下，进行准确的观察与体验等活动。孩子在无意注意时已达到一定的高度，有意注意开始提高，对外部的事物特别感兴趣。此阶段的孩子以无意识记忆为主，有意识的、抽象的逻辑思维正在高度快速地发展。孩子的思维处在不断发展的过程中，经过一个从直接行动到具体形象的描绘，再到抽象逻辑的过程。在5~7岁这个年龄阶段，孩子的想象力处在无意识的发展过程当中，会将头脑中想象中的主观世界与现实世界相互穿插，出现在同一个世界之中。

三、8~14岁的孩子进入形象期也叫客观写实期

他们可以通过自己掌握的科学知识，在美术行为中对客观世界进行探索和了解，将其变得更加深入，所以这时要体现出引导的作用，引导得好，孩子便不会失去想象的天马行空，表现出一些率真的宝贵气质，引导得不好，会在这个衰弱时期走向拘谨甚至衰亡。

在发展孩子想象力的过程当中，鼓励孩子大胆想象，大胆创造；让他们在美术课中获得有意义的吸收；让他们多多接触自然和社会生活，丰富美术的创作素材。而且通过设计循序渐进，让儿童在造型设计、色彩运用、创新、个性化等学习能力等方面得到提高。美术的学习可以让儿童接触到丰富的颜色笔、纸张等材料进行美术绘画、美术创作、了解不同材料之间的特性，拓展儿童的视野，让孩子们知道绘画不仅是以纸为材料，而是生活中处处都存在绘画美的因素，艺术来源于生活。

丰富多样的绘画材料和主题的选择，给孩子自由选择的权利进行课程安排。儿童美术课程的划分可按照平面和立体。对于立体课程来说，可以选用不同种类的黏土、陶土等材料进行手工课，给予孩子更多的乐趣，让其在创作的过程中培养孩子的观察力和想象力。黏土可以增强孩子的手部肌肉发展并使其发展更加迅速，通过眼睛看到的信息不断传送给大脑，大脑分析处理后发送信号传递给手，手将信号传递给大脑之后进行捏塑。平面课程和立体课程是180°和360°思维的变化，通过平面和立体手法的相互穿插，可以让孩子的思维更活跃。

第二节　儿童美术教育的意义与目的

儿童美术教育是教师根据幼儿的身心发展特点，对其有目的、有计划地进行美术教育活动的开展，满足幼儿的表现欲、情感表达和创新的需要，进而构建儿童审美能力的心理活动过程。儿童美术教育，对促进幼儿的全面发展有着重要的影响。

一、儿童美术教育的意义

通过在黏土中的揉、拍、搓、拉等动作，促进其脑部的发育，锻炼手部的大小肌肉，促进了生理与脑力发展，画画有利于孩子进行心理调整。

儿童在画画的时候心情是愉快和舒畅的。绘画能有效地帮助儿童的情绪进行抒发和发泄，儿童通过这种方式发泄之后，压力得到很好的释放，对儿童的身体健康和心理发展起到重要的调节作用；画画是孩子的精神需求，从孩子第一次拿起画笔，儿童能够把他在生活中的所见所闻通过主观的分析，跟自己的接受程度相结合，再用笔在纸上画出来，不断地体验在纸上的乐趣与经验，感受笔在纸上留下的痕迹。

二、儿童美术教育的目的

儿童美术教育的目的是提供给儿童展示自我个性的一个途径，通过这个途径表达出思想情感，不断提高思维逻辑和创造力的发展。但是有一部分教师的行为是在破坏孩子的创造力，他们总是用大人的眼光看待孩子的作品，说得最多的就是像或者不像，这样的做法，会给孩子带来非常大的伤害。教育学家杜威的观念是保证学生在美术活动中的主体地位，要让儿童对美术活动产生兴趣，进行积极的调动作用，然后促使孩子主动地探索问题，能运用发现—探索—解决问题的方法，养成主观能动性的行为习惯。在这个飞速发展的社会里，人们对儿童美术教育的认识也在不断地探索与深化。

我们要意识到，学美术做的不是培养专业的大画家，而是通过对美术的学习，培养孩子的发展能力，获得探索美好生活的能力，养成良好的学习习惯。在学习的过程中，不断积累、探索，然后形成独特的思考方式，发展其想象力、创造力、思维能力，使之成为富有自由的创造力的人才。如果我们明白这个道理，那么我们会自然而然地关注孩子的成长过程，以及孩子在这个过程中的感知，表现和思考方法，而不是最后的结果。

通过不同的美术感知找到孩子"自己的声音"。看过美国哈佛大学教授的加纳的报告，是讲可以用倒 U 形显示人造型能力的发展，每个人都有自己的思想方法，而且都是独一无二的，在 5~6 岁阶段可以说是一个人的创造力的顶峰时刻，然后慢慢减弱，对社会的认知不断走向成熟，走向写实方向。

8 岁是一个承上启下的年龄。这个阶段的孩子的创造力不断地发展，对之后的生活和学习以及工作产生较大的影响。因为创造力影响人的处事思维方式和思考能力。所以笔者提出在孩子进行美术体验时，用实验的形式，让他们的美术情感在无形之中得到展现，让他们用笔的丰富、色彩的搭配、构图的节奏来展现最美的作品等。

第三节　国内外儿童美术教育的发展与基本理念

一、国外儿童美术教育的发展

19 世纪 80 年代，普通教育刚刚兴起，在全球范围内开始了声势浩大的儿童美术教育的研究运动。在这场运动中产生了具有代表性的人物和成果，维克多罗恩菲尔德《创造与心智成长》中谈到了儿童绘画的六个阶段，并把每个阶段进行了划分；教育学家福禄培尔在德国建立了第一所幼儿园，提出学校教育要设有劳动教学、学校园艺课程；卢梭在《爱弥儿》中提及 2 岁到 12 岁儿童的主要任务是发展外部的感觉器官，获得丰富的感觉经验；萨利最早提出"儿童艺术家"；"要素主义教育"思潮兴起，在儿童教育中融入音乐、图画、舞蹈、游戏、手工等形式；美国教育家维克多·罗恩菲德提出"绘画潜力"论，他认为儿童在 10 岁前，绘画能力是随人的认识和知觉发展而自然发展的，而不是靠学习绘画技能提高的。

二、国内儿童美术教育的发展

商周时期，我国教育开始发展，在历史的长河中不断地摸索，到如今已有充足的理论基础和实践，但是儿童美术教育的发展却相对滞后。根据历史资料的记载，我国中小学教育始于清朝末年，清政府颁布了关于初等教育、小学教育的"奏定学堂章程"。在 1930 年，我国心理学家黄翼发表了著作《儿童绘画心理》，这是关于儿童画发展研究的最早论述。

可以说，我国的儿童美术教育一直在不断地探索和研究，虽然已取得一定的成果，但现在的儿童美术教育仍停留在普及阶段，关于儿童美术教育的研究仍需孜孜不倦地探索。

三、国内儿童美术教育的基本理念

1. 陈鹤琴儿童美术教育思想的重要性

陈鹤琴在我国儿童教育领域、儿童心理学领域潜心研究、刻苦钻研，取得了卓越的成果。他为我国现代幼儿事业的发展做出了重要贡献，被认为是现代幼儿教育事业的奠基人。

陈鹤琴的一生为了儿童教育事业所奋斗，在幼儿教育发展研究中探寻了一条具有中国特色的道路，这条道路遵循幼儿的发展特点、符合幼儿园的教学实践规律，陈鹤琴被称赞为"中国幼教之父"。

陈鹤琴在儿童美术教育的见解独树一帜，他认为绘画对儿童的意义是非常重大的，绘画能够让孩子心情愉悦，让孩子的精神世界得以提升。绘画的表现语言可以让孩子感受画面的形式美，提高他们的审美表达；绘画表现出的主题可以表现出孩子的创作思想与创作观念，培养孩子的思维逻辑与自由化、个性化的创造能力；绘画中的表现内容是孩子内心世界的反映，能够获得大量的经验感受。

绘画中的材料的运用可以帮助儿童提高动手实践能力，促进身体大小肌肉的发展。绘画对儿童的影响是潜移默化的，对儿童的脑力、智力的发展作用是非常突出的，我们从小就应该树立重视儿童美术教育的观念与认识。

（1）陈鹤琴儿童美术教育思想

陈鹤琴作为中国儿童美术教育的奠基人，他首创了"活教育"的思想教育模式。在20 世纪 40 年代，《小学教师》的期刊中详尽地叙述了其教育思想的主要观点内容，他针对当时陶行知提出的对传统教育——"死教育"的革新，陈鹤琴进行了与陶行知思想相一致的"活教育"理论思想。

陈鹤琴的"活教育"思想理论是在日积月累的经验总结和不断实践的结果的基础上建立起来的，是在中国文化与西方思想的碰撞与结合的过程中形成的。

陈鹤琴在他的教育思想中是这样阐述的：他认为应该给孩子提供丰富多彩的活动场所，以此来提高孩子对生活中美的观察力和洞察能力；要提供绘画主题相关内容的联想，帮助儿童想象力的开发，刺激幼儿个性表达的能力；在绘画中还要掌握一定的绘画方法，保证孩子能够如愿地把自己的想法落实到作品中去①。

陈鹤琴"活教育"的思想是与时俱进的先进教育思想，是符合幼儿身心发展规律的教育理论，是与儿童的自由化、个性化、创新性发展相一致的。

（2）陈鹤琴是儿童美术教育的奠基者，他的一生都奉献给了教育事业，并且有着自己独特的见解，为教育事业做出了重要的贡献。

关于陈鹤琴的"活教育"的主要内容包括：关于儿童美术教育理论方面的基本观点；关于儿童美术的心理理论研究；在儿童美术教学活动中课程的设计和教学内容的制定；关于儿童美术教育中对教师工作的要求。

陈鹤琴还提出了美术教育的"五指活动"，也就是在五个领域的活动，分别是在健康、社会、科学、艺术和文学中的活动。"五指活动"的特点是以儿童为本，以儿童的生活为出发点，以此来形成对儿童生活的完整教育。2012 年教育部颁布的《3~6 岁儿童学习与发展指南》与"五指活动"的教育内容相一致，可见"五指活动"是具有科学性和先进性的，对后代的影响是积极深远的。

在"图画教学法"中，陈鹤琴曾这样陈述自己的观点，他说人类都有作画的能力，儿童都会有绘画的乐趣，绘画是言语的基础，来表现事物的美感。并且在《幼稚生的图画》中也着重突出图画教学的影响力，要注重提高儿童在生活中对事物的观察能力。陈鹤琴提出自己的看法，他认为绘画前要提高孩子对画画的乐趣，提供适合孩子创作的、良好的教育环境，不断完善教学方法，让幼儿自由表达，让幼儿自由发挥，自主创作。

2. 丰子恺的儿童美术教育观

丰子恺是我国著名的教育家，他在很多方面都有卓越的成就，他集美术、文学、音乐、书法等各方面成就于一身，硕果累累，为后代积累了众多的教育思想和理论体系。

丰子恺对儿童美术教育的理解是，通过美术教育，儿童能够自由表达、进行创新性的发展，促进自身审美能力的提高，促进儿童个性化的发展，塑造身心健全的人格，实现生活与艺术的相互穿插与融合，艺术来源于生活，将生活融于艺术中。丰子恺还提到美术的教育是在尊重儿童身心发展的规律的基础上顺势而为，在美术教育的过程中注重的是儿童个体的主体感受而不是追求最后的作品。在美术的教学方法中也是灵活多变的，提倡多种

---

①陈虹．陈鹤琴与活教育［M］．长春：东北师范大学出版社，2010. 2. 2.

表现手法，比如写生课、白描法等技法。丰子恺的美术教育思想拓展了美育的多元价值观念，他的个人魅力以及优秀作品无不体现出他的高尚的人文主义情怀，在当下倡导素质教育的社会中仍具有十分重要的意义。

四、国外儿童美术教育的基本理念

1. 维克多·罗恩菲尔德的儿童绘画发展阶段

罗恩菲尔德在他的著作《创造与心智成长》中，阐述了儿童绘画的不同发展阶段：2~4岁的涂鸦期；4~7岁的样式化前期；7~9岁的样式化期；9~11岁的党群年龄期；11~13岁推理期这五个阶段。罗恩菲尔德在论述中写道：由于儿童的个体差异存在不同，所以他们不可能在同一时间同步并行，从上个发展阶段进入下个发展阶段的过程是不同的，而且是不断变化发展的，我们要考虑不同的年龄阶段的幼儿有不同的绘画特点。

（1）2~4岁的涂鸦期阶段

在这个阶段的涂鸦，主要分为以下4个类型：在随意涂鸦阶段，我们要给予孩子不断的鼓励和支持，在他们涂鸦时不要去打扰他们的作画过程，更不要试图改变幼儿的作品；在幼儿纵横涂鸦阶段，主要的绘画特点是不断重复地进行同一个动作，但是偶尔有可以控制的线条，是在纸张以内进行涂鸦，孩子并没有自己创作设计的意图，但有很大的随意性；圆圈涂鸦阶段，可以进行不同种类和方向的动作，可以对动作进行控制，但对色彩的使用是没有意识的，还处于不可控阶段；涂鸦的命名阶段，孩子改变了作画的思考方式，由原先的手部肌肉的运动思考开始转变为大脑的想象思考，在作画的过程中会出现动作的不连贯性，画面中的内容出现了表现人物的主题，而想象中人物的出现是由教师的具体规定而来的，是源自于儿童内心情感表达的想象，而且采用不同事物的名称来命名涂鸦作品。（2）4~7岁的样式化前期阶段

在这个阶段，儿童已经学会对事物的象征性的塑造，来表达自己内心的想法，比如用圆形画人物的头部。在画面中没有空间感和立体感，而是将自己内心世界的认知表达出来。

（3）7~9岁的样式化阶段

儿童绘画中开始运用几何线条来表现物象，画面中的物体是根据自己的经验和兴趣决定的。比如在画面中表达自己认为比较重要的部位；线条和图形会发生变化；画面中会出现空间感。

（4）9~11岁的写实萌芽期

在这个阶段，儿童慢慢脱离样式化阶段，转向对事物的写实描绘。画面中具有空间感和事物的透视关系的表达，并且运用色彩进行表达。

（5）11～13岁拟写实期

这一阶段的儿童绘画开始从自我的表达转变到理性的活动。儿童尽管想真实的再现事物，但并不理想。画面中会出现明暗表达，色彩也会根据画面的需求和自我的感受进行表现。

2. 布莱德拉的儿童绘画发展阶段

①概念画时期（图式期）：幼儿通过各种概念，如将水果、玩具、幼儿园等概念用绘画的方式表现出来。②用线表现画的时期（专用线描画的时期）：儿童绘画大多属于这一阶段，布莱德拉认为这个时期是进入正式表现的过渡阶段。③用颜色构成空间画的时期：儿童开始从使用单一色向使用多色发展，即进入多色彩绘画时期。

3. 蒙台梭利的教育思想

玛利娅·蒙台梭利是意大利第一位女博士、女医生，是伟大的幼儿教育家，是蒙台梭利教育的创始人，设立了众多的儿童之家，她的教育思想仍影响着现代教育思想。

（1）儿童本身具有内在的生命力的特质

儿童本身的内在的生命力是与生俱来的，这种生命力表现出来的是一种向上的、变化的、运动着的状态，而这种体现就是生命中无穷无尽的内在的力量。蒙台梭利说过，儿童生长的过程就是本身生命力的发展的过程，这种生命力量来自生命遗传作用下的生物学的发展规律。

我们要不断刺激儿童的感受，并把儿童的内在力量充分地展现出来，这是儿童教育的基本目的。而且在发展的过程中，是按照儿童本身不同的生命规律的特点，有序地获得个体自由发展。蒙台梭利认为，儿童是有生命力的，是活动的主体，要把儿童看作是一个独立的个体，孩子们不是我们需要的一件简单容器，更不是让我们随意捏制的泥土。

我们是孩子的引路人，无论是教师还是家长都应该主动地去探索儿童的内心世界，去观察和发现他们内在的潜力，并在儿童自由的生活和学习中，使得幼儿的身心能够自由的、快乐的、有个性的充分发展。

蒙台梭利在她的教育思想理论中阐述道：我们帮助孩子健康发展的基本方法，是在儿童进行主动活动时我们要尽量避免干预。我们要做的是运用科学的理论方法，帮助儿童内在潜力的发展，让他们独立地进行思索、判断是非、自由探寻，在现代社会中能顺应科学技术的发展，追寻大工业发展的潮流，在现代教育和科学发达的引领下，与时俱进，为人类文明的发展做出积极的贡献。

1949年，蒙台梭利在《有吸收力的心理》中提到儿童在生理和心理上发展的不同，论述了儿童在身体与心理、生理与心理之间的发展关系和联系性。蒙台梭利说儿童的心理发展的进程就像是胎儿在妈妈的子宫里一样，要在特殊的环境中吸收营养才能够生存。但两者之间是有区别的，儿童身体的器官在母体内已经开始发育和初步形成，但心理的发育是在婴幼儿时期才开始的，此时的婴幼儿的大脑中是空白的，就有一种本能的积极的反映，那就是从在周围世界的环境中吸收各种事物的本能。所以，作为教师的我们，在创设儿童的教育环境中，要符合儿童的本身的需求，刺激儿童主动探索，主动学习。

（2）儿童是不断发展着的个体

儿童与周围的环境是在相互作用下而不断发展的，这是源于儿童本身内在潜力的激发以及生理的需要而产生的自主性的行为过程。这是在与周围环境相互影响下而得到的经验感受，以此来促进身心的全面发展。

可见，儿童的发展过程是循序渐进、前后相连的过程，而且每一个阶段是相互影响、相互作用的。前面的发展为后面的发展打下了良好的基础，后面的发展是前面发展的经验总结和延展。在儿童年龄增长的过程中，发展的过程是从无目的到有想法的过程，是从自发学习到主动选择的活动，需要承认的是自发活动在儿童的整个发展过程中是一直存在的，但由于年龄的不断变化，这种与生俱来的活动需求在不断减弱，而内在的心理需求却在不断膨胀。

儿童的发展离不开早期的教育环境的创设，甚至会影响到儿童发展的各个年龄阶段，对孩子智力发展的影响也是很突出的。蒙台梭利曾经说过，一定要特别重视开发儿童早期的经验感受，这就离不开儿童的早期教育的培养。这个理论总结是她在"儿童之家"的教学改革研究中得来的，以此来解决贫民儿童的文化剥夺现象问题。

（3）儿童发展的敏感期

蒙台梭利的教育理论来自她试验成果的总结。她从生物学的角度进行论证，在经过无数次的动物试验中得到了儿童学习具有敏感期的重要结论。她在儿童的不同年龄阶段进行实践研究，发现儿童的体验感觉和心理活动是有变化的，是不同的，在心理发展和学习的过程中也是不一样的，而且具有特殊的敏感时期。

蒙台梭利给出了儿童"敏感期"的理解：她认为在儿童的每一个发展阶段会表现出对某一件事物或教学活动的情有独钟的好感和热情，学习动力很强，学习速度很快，这时候是教育的最佳时期。但是这种现象不会维持很久，直到慢慢消失。所以，作为教师和家长应该学会观察不同年龄阶段的孩子的心理变化，从而进行必要的因势利导，鼓励孩子大胆探索，对于孩子具有的特殊才能的技能就是在观察中发现。否则儿童的特别优势就会失去，甚至会抱憾终生，造成身体或心理的伤害。

蒙台梭利从时间的角度认真研究了儿童在不同年龄阶段的敏感时期的特点，她认为敏感期具有一定的顺序性和延展性的规律，孩子是经过不同的敏感期而不断变化发展的。蒙台梭利对各种敏感期总结出以下几点。

第一，语言的敏感期。儿童在 2 个月到 8 岁之间是语言的敏感期。1 岁到 3 岁是孩子的语言高度敏感时期。儿童在语言方面的发展，主要是源于妈妈的声音，通过在听力不断发展的能力上，然后对掌握难度较大的结构语言产生兴趣。

因此，儿童语言的发展敏感期是从孩子牙牙学语开始，到说出单个词语或说出完整的一句话，随后表达出复杂的语言结构，之后能够进行更为复杂的语言结构的学习，并学会了与人进行交流的技法和能力。

第二，感觉的敏感期。感觉的敏感期是从幼儿出生到 6 岁之间，在 2 岁到 2.5 岁之间是感觉的最高峰。她提到孩子在 2 岁左右时就开始对细小的事物产生兴趣，比如成人可能不会对小事物产生好感，但是儿童却给予了它们很大的关注，正是因为这种关注，才会让儿童有目的地对周围环境产生注意，以此来激发幼儿的主动活动，使得儿童的敏感期变得更加敏感。

蒙台梭利总结说，处于感觉的敏感期内的儿童，他们在辨认不同形体的造型、色彩、方向、声音的大小时，能够很顺利地区分开来。这些能力的开发为以后的智力发展打下了重要的基础。

第三，秩序的敏感时期。这是蒙台梭利最早探索和研究的现象，她认为秩序的敏感期在儿童的发展中起到至关重要的作用。秩序的敏感时期在儿童 2 岁左右就已经开始，直到 4 岁左右，3 岁左右是儿童表现得最为突出的年龄阶段。比如他们会对一些问题产生疑问：今天的物体为什么没有按习惯摆在原先的位置？今天的活动为什么没有按的顺序进行？这些疑问是孩子们认为最重要的事情了，所以，此敏感期阶段儿童的快乐就是物体要按原有的习惯进行摆设。

第四，儿童运动的敏感期阶段。蒙台梭利总结了这个阶段是在孩子从出生到 4 岁左右之间具有的。在此期间，儿童特别喜欢运动型的活动，比如跑步、攀爬等。而且在运动中，动作经过不断发展，变得更加完美，这些动作为后期的发展起了重要的辅助作用。在这个时期的动作能够加以完善，对儿童身心的发展都会起到积极的作用，甚至会对人格的健全发展有着重要的作用。相反，在这一阶段的运动很少甚至缺乏，就会影响儿童的自信心，会失去对运动的兴趣，产生动作不协调的现象，在精神方面得不到满足。

蒙台梭利总结了这一段时期的儿童运动的变化过程，儿童一开始的时候由于年龄较小不能够站立，最喜欢爬行，到 1.5 岁到 3 岁时进行行走，他们会练习抓握能力，比如把箱子打开，然后关上；把物体或玩具放进箱子里，然后再拿出来等动作。在儿童 4 岁左右的时候，他们会用闭眼睛的方式，用自己的小手通过触摸对物体进行分辨，而且他们的小手和身体能够做出较为复杂的动作。

第五，儿童的工作敏感期。"工作"是指儿童在有准备的环境中和环境相互作用下的活动。蒙台梭利认为儿童必须要在自己的"工作"的前提下才能让本身的心理得到健康和谐发展。她认为儿童从 3 岁到 6、7 岁之间，非常喜欢工作，工作热情还十分高涨。儿童的"工作"敏感期是儿童独立的阶段，是儿童敏感期间的主要特征，是儿童发展的基础。

儿童在不同年龄阶段的发展具有不同层次的敏感期的划分，这是她儿童教育思想内容的重要组成部分，而且是最具特色的教育组成部分，是最具有独创性的教育理念。虽然很

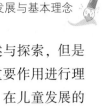

多教育家像卢梭、福禄贝尔等人都曾对儿童早期教育的重要作用进行了论述与探索，但是蒙台梭利是从儿童发展的敏感期的角度开展探索的，是对儿童早期教育的重要作用进行理论与实践的论证，并整理为具有特色的关于敏感期的教育理念和实践体系，在儿童发展的过程中，要符合儿童的身心发展规律，发挥儿童的主动性。蒙台梭利的教育思想为早期教育的良好发展提供了重要的理论和实践依据，为儿童教育事业做出了重要贡献，为人类文明的发展奠定了重要基础。

（4）儿童心理发展具有阶段性

蒙台梭利认为儿童的发展是一个持续的、不断变化发展的过程，这种变化发展的过程是有着阶段性的。儿童在每个阶段的变化与其他的阶段有着明显的不同之处，前期的发展阶段是经验的总结，是知识的储备，是为后期发展做的准备。儿童发展的每一个阶段是不同于其他阶段的，前期阶段是后期阶段的经验基础，为后期阶段的发展做好重要的铺垫。儿童发展阶段性特征是儿童在发展过程中的具体表现，他们之间是相互关联的，是支撑儿童全面发展的重要依据。

4. 柯金斯·泰纳儿童绘画发展阶段

第一，是儿童绘画的错画期阶段，这一时期的主要特征是儿童乱画，没有任何目的，线条是没有规则的，画面很乱。

第二，是儿童绘画的图式期阶段，主要特征是儿童用线条进行描绘，用记号、象征、图式等表现语言。

第三，是儿童在画面中表达自己的情感，发泄自己的情绪。已经学会运用不同的线条和图形进行绘画，尤其喜欢用线条去描绘物体的形状。

第四，是像实物的时期，可以说是对物体的刻画比较接近实物，物体的造型处于"像"的阶段。

第五，正确地表现形状的时期，这是要求对物体进行真实的表现阶段。

第六章　建立多元化的儿童美术教育

　　毕加索曾说，每个孩子都是艺术家。

　　画画是孩子的本能，但还是有部分的孩子不喜欢画画，难道这是本能的抗拒吗？答案肯定是否定的。经过很多教育家的调查研究发现，实际上主要的原因是因为教师或家长没有让孩子真正地获得自己的亲身感受，教师或家长在孩子作画的过程中干涉太多，没有让孩子按照自己的意愿进行作画，甚至强迫孩子进行作画。所以如果我们只考虑自身的想法，按自己的要求，用成人化的方法去强迫孩子、要求孩子，这样做忽略了孩子的主观感受，使孩子本来积极的态度变得消极被动，画画变成了枯燥无味的事情。孩子的天赋是需要家长慢慢深入发掘的，不应该让孩子的光芒在家长的错误的引导下变得黯然失色。

　　兴趣是最重要的老师，它就像是绘画方向的指明灯，是一颗带有创造性的种子，作为家长和教师，我们应该采用合理的方法培养这颗小苗，给小树苗进行浇灌、施肥，滋养他，呵护他，帮助他，让孩子学会观察周围世界的美，锻炼孩子敏锐的观察力，让孩子带着兴趣与热爱的力量，去发现，去探索。

第一节　儿童美术教育在教学中存在的问题

　　老师是知识的传播者，是孩子学习的重要支柱。在美术教学活动中，教师在孩子学习的过程中能够发现孩子的优点，给予合理的指导和鼓励。在家庭教育中，家长是孩子的引路人，家长需要耐心陪伴，不要用成人的目光和要求对孩子的作品进行评价，不要以简单的像与不像去判断作品的好与坏。

　　孩子是家庭的希望，是家庭的未来。但是有一部分家长过度要求孩子，孩子的绘画作品成为家长炫耀的资本，在美术作品的创作中看中的是完成作品的效果，没有意识到作画过程中的重要性，导致孩子的作画只重视结果，而忽略过程。为了让家长满意，孩子对画画的认识出现误区，出现了只要家长满意就好的错误认识，反而让自己的主体地位丧失，不敢把自己的意愿表达出来，经过长时间的错误导向，就会让孩子的自由想象的精神世界缺失，孩子会失去对画画的兴趣，甚至会出现厌倦的现象。

一、在社会培训机构，虚假成果吸引家长

在高度发达的现代教育中，家长越来越重视儿童素质教育的培养，于是各种社会培训机构应运而生，美术培训机构也不例外。但是有一部分的社会培训机构对儿童美术教育的教学活动缺少教学经验，没有遵循儿童的年龄特点和教育规律，把成人的专业技能知识传授给儿童，忽视了儿童的主动性的发挥。

还有部分社会机构，为了自身经济效益，博取家长的认可，孩子成为他们的工具，只重视作品的最后完成效果，改变孩子本身的想法，甚至代替孩子进行作画，这样的目的只是满足了培训机构和家长的需求，但这种简单粗暴的方法严重阻碍了孩子的学习能力，甚至对孩子造成无法挽回的伤害。

二、缺少家校共育共同发展的理念

部分家长单纯地认为孩子的学习应该是学校和老师的事情，把教学的任务全部交给学校，错误地认为孩子的学习不是家庭的任务，把孩子的学习全部寄托于学校和教师，对孩子的学习过程没有做到应有的监督。

家长是孩子的港湾，家长的思想观念影响孩子的一生。但由于现在社会的急剧发展，家长对孩子的期望值都很高，形成了负面的、急躁的心理状态，无形中给学校、老师带来了压力。教学变成快餐式的教育方式，然而由于孩子处于一个特殊的年龄阶段，孩子掌握知识需要一定的时间。家长对作品的认可简单地从作品上进行辨认，对孩子学习知识的过程不够重视，孩子在画画过程中的心理感受不能得到释放。

三、错误的社会导向

现代社会为了满足家长的需求，社会机构进行了很多不同种类的美术比赛活动。然而很多举办方并不了解儿童美术的发展规律，对儿童美术教育的认知不够全面，将错误的教育理念传播给家长，对儿童美术作品的评价出现偏差。

四、部分教师缺乏对美术教育必要的认知

如今，为了适应社会的需求，很多美术培训学校应运而生。在这些培训学校里，教师

队伍良莠不齐，虽然有些是经过专业培养的教师，但是只会进行绘画技能方面的专业知识的传授，并不能够掌握儿童的年龄特点和心理特点，不能够遵循儿童的特有的生理特点进行授课，不能够给予孩子专业的、系统的专业美术教育。

第二节　多元化的儿童美术教育教学措施

孩子是家庭的希望，是祖国的未来。现代社会，人们越来越重视素质教育的培养，美术教育的发展得到社会各界的认可。儿童美术教育的培养对象是儿童，它在培养孩子对事物的敏锐的观察力、想象力的拓展、实践动手能力、创新能力的开发、提高审美力等方面具有重要的作用。儿童美术教育的目的是让儿童的身心得到全面、健康、和谐的发展，是人文素质教育的基础教育。

很长一段时间以来，大众普遍认为儿童学习美术的目的仅仅是对美术知识和技能的学习，是那些被认为具备绘画天赋的小天才才能去学习的，导致大部分的儿童得不到美术教育的熏陶和培养，这与人文教育的基本目的是背道而驰的，是与儿童的全面和谐发展的目标相违背的。儿童美术教育对儿童的发展的作用是潜移默化的，是符合儿童身心发展规律的教育。

因此，学校、家庭的教育对儿童美术教育起着重要的引领作用，都有着不可推卸的责任与义务。作为老师，我们怎么样设计出合理的课程计划与目标？作为家长，我们怎么样用正确的观念去引导孩子学习美术？如何把美术的审美要素融入儿童的生活中，让孩子发现、感受生活中的美？

一、创设良好的家庭美术环境

家庭是孩子的港湾，家长是孩子的第一任教师，家庭环境的渲染和气氛的烘托对孩子的学习起到重要的作用。

在家中，可以选择一些造型奇特优美、色彩鲜艳亮丽的美术作品或实物进行摆设或悬挂，也可以把孩子的作品进行装裱后悬挂在醒目的位置，不仅装饰了环境，还能极大地鼓舞和增强孩子的自信心。

还可以种植花卉和植物，饲养小动物，孩子可以去观察动植物的生长特性，学会照顾小动物，培养他们的爱心，提高孩子的动手能力以及敏锐的观察力。通过观察，让孩子们试着写生，把他们喜欢的植物或动物用绘画的形式表现出来。

家长与孩子一起学习，尊重孩子的选择，鼓励孩子大胆地追求自己的爱好，与孩子们进行交流、沟通，追寻内心的自我表达。

二、初步感知美术的基本要素

儿童审美素质的培养与美术的基本要素一致，主要包含物体的造型、色彩认知、变化的线条等基本要素，而这些要素不是天生具有的，是需要后天的培养的。

在家庭教育中，基本要素处处可以学习。家长可以和孩子做亲子活动，在活动可以互相交流，互相学习，共同成长。

在家里可以通过游戏的方式，引导孩子了解色彩知识。在游戏的过程中学习不同的色相，认识基本的颜色；可以认识色彩的深浅，通过物体颜色的比较，认识颜色之间的明度变化；可以陪孩子一起搭建积木，认识不同颜色的积木冷暖颜色的变化，告诉孩子颜色可以代表不同的感觉等。

在日常生活中，我们可以随时随地地进行审美能力的培养，吃饭时色彩的搭配，房间的装饰色彩的运用，穿衣时和谐的色彩搭配等都可以进行色彩的教育。艺术来源于生活，生活处处皆学问，这种生活化的教育对孩子的审美教育效果会更强，印象会更深刻。

年龄较小的孩子，由于身心发展不和谐，对色彩的理解较慢，在画画的时候认识不全，可能老师刚说完，一会就忘了，需要反复地学习。在生活中，家长的引导就起到至关重要的作用，家长是孩子学习过程中不可缺少的领路人。

三、为儿童提供良好的美术创作环境

环境作为一种隐性教育，在开发幼儿智力，促进幼儿个性生长的方面越来越重要。环境是重要的教育资源，应通过环境的创设和利用，有效促进儿童的发展。

改革开放以来，传统的教学模式已经不适应时代的发展，随着新课改模式的探索，经过数辈教育家们的理论与实践经验的总结，教学模式不断发展，现在的美术教育光芒四射，大放异彩。

儿童美术教育通过提供种类繁多的工具材料来创设良好的教学环境，帮助儿童高效地掌握美术知识。在泥塑的教学活动中，教师为孩子准备了超轻泥土、陶泥、橡皮泥、纸浆等丰富的材料，让儿童可以根据自己的喜好自由选择材料，孩子们才会主动地去了解不同材料的特性和功能，并通过自由的创作来展现自己内心的情感。艾斯纳在《儿童的视觉与知觉的发展》一书中阐述了材料对儿童发展的重要性，他认为孩子掌握了材料的特性之后，材料就不再是单纯的材料，而是成为一种媒介，把它变成一种可以展现自我的工具，但为了制作出满意的造型，还要体现出对材料运用的感知理解，这样就可以在材料中巧妙地运用自己掌握的技能。

四、让儿童参与示范

儿童的心灵是纯洁的，思想是纯净的，孩子的内心对世界充满了好奇。教师是人类灵魂的工程师，美术教师是孩子在美术活动中展现自我的重要指引者。在美术教学活动中，美术教材是教师教学的依据，但不是唯一的教学内容。

我们可以在教学活动中灵活地运用教学方法，发挥儿童的主体性作用，让孩子按照自己的意愿参与到活动中来。比如在教学活动中，教师在对工具材料进行介绍后，可以让孩子采用演示的方法积极地去表现。教师在此时不需要采用标准化的模式，而是让孩子发挥自己的想象力，进行自由创作。在孩子演示的过程中，也会激发其他孩子的创作欲望，以此来刺激儿童的想象力，创作出自由的、个性化的美术作品。

通过示范教学活动，教师还能了解到孩子对教学内容的理解和掌握程度，及时发现问题，在以后的教学中采取有效的教学方式，避免出现同样的问题。

五、优化选择教学内容

我们要遵循教育的规律性，教师在教学中为了提高教学质量应该选择科学性、系统性的教学内容。孩子是教学活动的主体，选择内容时还要考虑孩子的具体情况，要从实际情况出发，选择与生活密切联系的。兴趣是最好的老师，还要考虑孩子的兴趣，满足孩子的好奇心。

儿童美术教育是教师通过一种视觉艺术的学习来丰富孩子们的想象力，培养孩子的审美能力、创新能力的教育活动。所以，在选择教材时必须要选择具有拓展儿童想象力和自由发挥表现力的内容。比如在动物绘画的创作的过程中，教师一般是选择生活中能密切接触的动物，像小猫、小狗之类的，让孩子进行创作。另外还可以选择其他动物，如恐龙等。

在作画的过程中，孩子会因为自己画得不像而烦恼，甚至会放弃作画。这时候教师可根据孩子的好奇心，激发儿童的想象力和创作力，让儿童自己表现动物的形象，无拘无束，自由地、尽情地表现自己世界里的动物。

六、注重对儿童美术作品的评价

美术作品是儿童学习过程中获得经验的体现，能够反映出儿童获得美术知识的水平。在儿童美术作品的评价中，由于评价者的时代背景、综合素质、专业等不同，就会有不同的评价方法和评价标准。对于儿童美术作品的评价主要是从构思、表现方法、专注度、独立性、创新性、熟练度、自我感觉等方面进行。

儿童美术作品的评价标准总结为以下几点：首先，要遵循儿童的身心发展规律。儿童的绘画能力是与年龄特点相一致，要根据儿童的年龄阶段来进行不同的评价。儿童美术的作品能直接反映儿童的内心活动和情绪，比如高兴的时候色彩会比较鲜亮，烦躁的时候会把人物的造型表现得扭曲，色彩上也会运用暗淡的色调关系。其次，要发挥儿童的主动性，要有自我表现。只要是属于儿童自己的作品，都是有意义的，而且值得重视。对工具材料的运用是自由支配、自由发挥的，在条件充足的情况下，才会创作出生动的美术作品。再次，在作品空间安排上，要大小适中，主次明确，符合我们的审美视觉特点。如果在一张纸上，物体过大或过小都是不美观的。

最后，对儿童作品要采用鼓励的方式进行评价，如果家长或教师的评价的方式或态度不妥，会伤害到孩子的自尊心，甚至会抹杀了孩子对画画的兴趣。或许儿童的作品表现的内容与形式是我们成人所不能理解的，甚至怀疑孩子的学习能力，在这种情况下，我们做的依然是给予肯定。

我们要想获得与孩子交流的机会，需要尊重孩子，主动地学会倾听，只有这样才能走进孩子的内心世界，听到他们的心声，了解孩子的内心，孩子的学习才会更加顺畅。只要我们愿意相信孩子，他们将会迸发出惊人的创造力。

如今，儿童美术教育依然在进行着不断的探索和发展，学校或者社会教育机构能够遵循孩子的生理与心理特点，按照他们的实际年龄阶段进行美术教育的学习，掌握学习的教学目标，重视美术教育对培养审美能力的重要性，继续对儿童美术教育进行研究、探索。

第七章　民间美术在儿童美术教育中的应用

　　中华传统文化是在历史的长河中保存下来的艺术瑰宝，是中国民族文化的根基和灵魂。忘记历史就是背叛，只有不忘本才能开辟中国的未来，只有在继承优秀的传统文化的基础上才能更好地创新。中国传统文化的教育要从儿童抓起，从娃娃抓起。让中国的传统文化精髓慢慢地渗透在儿童的知识和精神世界中，从小就要培养孩子的艺术欣赏的能力，让传统文化在潜移默化中进入孩子的心中，让艺术的精髓得以传承。

　　每个人都是社会的组成部分，我们除了需要解决自身的生存问题，还需要从精神世界的层次去处理个人的社会关系，那就是个人的审美修养。这是我们的民族生命力的成长，是精神世界的成长。一个民族昌盛的表现就是传统文化的繁盛。中国传统文化的传承是我们这一代人的历史责任和重要使命。

　　"建国君民，教学为先"，可见，学校教育在传承传统文化中起着重要的表率作用，是传统文化教育的先行旗。2014年3月，教育部要求把传统文化写入课程和教材中，把有代表特色的传统文化发扬光大。于是，中国传统文化艺术课程走进了课堂教学中。

　　教材是美术传播的重要途径，教师在课堂中能够很快地把传统文化传授给学生，加速了传统文化的渗透速度，在教学过程中能够将不足之处进行修改，为传统文化的发展提供了科学的理论依据。

　　民间艺术的内容在美术教材中的占比越来越多，而且传统文化的资源越来越丰富，很多内容来自当地的传统文化。当地民间美术资源的开发成为编写教材内容的重要支撑。

　　传统民间美术以课堂教学的方式传授给孩子们，已经是现代学术领域和教育领域关注

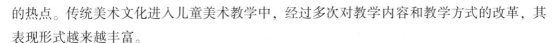

的热点。传统美术文化进入儿童美术教学中，经过多次对教学内容和教学方式的改革，其表现形式越来越丰富。

但是在一部分学校里，美术教学并没有得到重视，尤其是对于民间美术部分的教学，有些教师敷衍了事，教学的态度不够严谨；还有部分教师对民间美术的了解与学习不够深刻，认为民间美术所具有的价值并不重要，出现了课堂教学效果一般的情况。

在美术课堂中对民间美术的学习，并不是单单学习传统美术的艺术手法和技能，不是对传统文化的简单复制，而是更深入地了解民间美术背后独特的审美价值和价值观，锻炼孩子的敏锐的观察力，让孩子在生活中处处可以发现美的存在。

把儿童美术教育中融入民间美术教学中，并不是将两者进行简单的融合，在今后，民间美术在儿童美术教学中的应用已成为教师和教育界不断关注和研究的重要课题项目。

第一节 中国民间美术与儿童美术造型思维的特点

一、民间美术造型思维特点

（一）原始造型思维的影响

民间美术造型所呈现的是对生命这一主题展开描述，其中展现了众多美丽的、吉祥的图案。这些图案体现的是人类对生命的敬畏以及繁衍子孙后代、人丁兴旺的基本理解，这是民间美术的基本的文化内涵。

从遗留下来的民间美术中可以看到，其造型具有粗犷、抽象等特点，这些原始物象有一定的象征意义，与原始的逻辑思维相互渗透，用图像的形式来表达思想、情感和对生活的理解。它是对原始思维方法的继承和运用，在认识大自然、社会、生活等方面，表现的方法运用了概念和理解的多种形式，这是代代相传的神秘特质的集体现象，跟逻辑关系和规律性无关，物象与客体之间的联系是依靠神秘的互渗相互联系的。

左汉中教授提到了原始人造型的创作思维特点，他说原始人在进行描绘时不是靠观察对象，而是凭借自身的记忆力，而这些就需要意向思维的能力，意向思维的造型是在夸张、特征抽引和神秘互渗的原理下产生的意念、抽象和概括。民间美术的造型是传承了原始的逻辑思维，由此，历经千百年来的原始美术在民间的传播经久不衰。

（二）求全求圆满心理

追求造型的完美性是受到我们古人宇宙观和人生观的影响。我们可以从原始艺术与民间美术造型的比较中看到：图案中的人物是与现实中的人物结构相一致的，两条胳膊两条腿，人物的正面和侧面都是完整的，因为现实中的人就是如此，不会出现不完整的形象，因为在民间，不完整代表着不健康，代表着不吉利，残缺的形象让人感到不舒服，心情不愉悦，圆满会让人的精神世界得到慰藉。

在动物图案的表现上也讲究完整性，这也是受原始思维的影响。比如画面中的狮子、狗都是四条腿，因为古人不会考虑透视关系、遮挡关系，即使看上去并不符合视觉的真实反应，也要将形象的结构完整地表现在画面中，这种追求圆满完美的心理正反映了我们古人以感性认识为主的逻辑思维。

（三）观物取象的思维方式

在原始社会中，人们在与自然的长期共处与斗争中提炼出了观物取象的思维方式，实际上代表的是一种图像或符号，经过数代人加以修改和完善延续到现在。

可以说，图像与符号代表着相同的意义，符号贯穿于物象之间的结构中，而结构中的每一条链都是传达它本身思想的媒介。

王贵生老师曾在提及民间剪纸的意象生成时说道：正如中华民族文化始祖伏羲"观鸟兽之纹与地宜。近取诸身、远取诸物而作八卦"。这是剪纸的创作者——人民大众对世界上万事万物的一种直观理解，是人类内心世界与自然世界内在的相互融合，是外在形象的接合。

观物取象是古人在与大自然日益相处中相互融合产生的表象，符号就是传递文化思想的不同密码，是人们把大自然的形状、线条、色彩，与人的情感表达相互结合后产生的。在今天，符号继续延续着它的作用与功能，这都是源自内心世界的逻辑思维。

（四）取与舍的精神追求

人类与大自然之间能够和谐共处，学会取舍是我们一生需要追求的哲理。取是取之有度；舍是舍生取义，是人的行为准则。在民间美术的造型思维中，取舍的特点归纳为天时、地时、因材制宜；对大自然的崇敬、对神灵的敬畏；向往好的生活；情感的真实表达等。

在物体的造型中取的表现为运用夸张、变形、简练的手法塑造出主观情趣和意愿的表达；舍的表现为提炼、概括、象征的手法，注重物象的神似，不过于表现物体的造型，含有抽象的味道。因处理画面的主体在思想、阅历等方面的不同，在进行取舍的方法上也是不同的，都有不同的见解。

运用舍的方法在民众心中是合理的，这与人们的审美习惯是一致的，他们的内心还保留着象征性的特质，根据材质的不同，抓住事物的主要特征，合理取舍，塑造出质朴、粗犷的民间美术作品。

（五）率真流露的品性

淳朴善良、热爱生活、崇尚自由的人民大众，他们是剪纸的创作者。

在剪纸的创作中，他们是自由的，放松的，不受任何思想的约束，自由自在，充满儿童般的稚趣和灵气，把生活中司空见惯的、生机盎然的飞禽走兽、花鸟虫鱼、日月星辰、山川湖泊等一切事物，与源自内心世界的灵光相结合，创作出活力四射的生命欢乐图，表现出来的是最本质、最原始、最率真、最完美的天人合一的画面关系。

率真在民间美术造型思维中的体现，左汉中老师对随意性造型进行了归纳，较少的色彩理论知识，伴有浑厚的意念造型观，也就是常说的意念造型。他认为民间美术在造型上的意象结构和原始意象的审美结构大同小异。

民间美术中情感的表达方式是真实情感的流露，而不注重物体造型上的真实表现，是一种大智若愚的精神世界，从古到今，人们所追求的人生境界，与民间创作者的淳朴、粗犷的境界几乎是相同的。即使是相同的主题表现，由于每个创作者的想法、逻辑思维、阅历等不同，必然会表现为多种多样的图案。

二、美术造型思维特点

（一）不是视觉再现，反透视的再现

在美术作品里，创作者能够把自己的思想、情感自由地表达出来，这与儿童单纯、朴素的心理是相通的。在儿童的美术作品中，我们要跟随孩子的内心世界，让孩子自由表达，不要把成人的想法强加在他们身上，会误导他们过早地把固有的经验运用到作品中去，儿童的天真、灵气也将消失。反而超时空的逻辑思维让孩子的心性可以无限制地放大。

经过研究调查发现，孩子在他的成长过程中，在知识不全面和不完善的童年时期，他的想象力和不切实际的想法远远胜过长大的他。当他的知识储备积累到一定的数量，理性思维会强于感性思维，伴随知识系统的建立，思考的能力不断影响非智力因素的比例。儿童美术为激发和保护儿童的想象力，为孩子的创造性发展提供了合适的依据材料。

（二）美术造型是符号的体现

符号是孩子从生活中获取的个人经验的总结，经过自主的思考，自由地表达出来。图形是美术语言的符号，被用于创造层面的思维解读，符号变为图形的过程一次次被重复，更多的造型被表现出来，不用考虑它的意义。在三岁孩子的笔下的小鸟，简单的造型，没有细节，小鸟的神态被表达出来。三年级的孩子画的鸟，画面上的造型是个人思想的展现，符号式下的图形表现非真实地再现。儿童绘画造型的特点是平面式的构图，运用线条

和几何图形，自由自在，无拘无束，这种思维方式的产生源自孩子单纯的内心，是最直接的表达。

儿童的逻辑思维建立在感性的基础上，孩子们对周围世界的理解和感受依赖于感官系统中的视觉和触觉，不是同大脑的思考，感性思维强于理性思维，理性思维的发展处于萌芽状态。受感性逻辑思维的影响，造型表现出的特征就是无拘无束、自由自在。图形是符号的呈现，具有象征性的特点，是孩子思想的转换，是观念的反映，是造型的基本要素，还是造型的整体，是在逻辑思维和哲学原理作用下的图形创造。

孩子们画中的语言符号是经过观物取象提炼、概括而来的，并没有特殊的意义，而这些特征与古人保留下来的符号特点极其相似，儿童表现出的符号式的图形和质朴的表现特点与原始美术有着相同的味道。

第二节　民间美术与儿童美术造型思维的比较

一、美术造型是思维表达，是情感经验的再现

意象思维是从古人遗留下来的作品中发现的，作品中保留了古人的原始的创作思维特点。然而在儿童美术作品中，意象思维的运用却十分明显。这主要是由于孩子和淳朴的人民大众的思想比较单纯，感性认识占有主导地位，远离西方的造型观念的影响，在画面中没有近远、比例大小、立体空间的理性逻辑思维的方式，孩子们对物体进行观察后运用理论意义上的存在进行整合，不会是视觉的真实再现，而是运用图形进行情感的表达。将画面进行重新整合，新的形象是经过夸张、提炼的手法加工后形成的。

这些特点与古人留下来的岩画和器物上的图案的意象思维大同小异。他们运用解构与重构的原理，把物体拆解后再重新构成组合，在每次新的组合后会产生新的图形，比如中国龙的造型，它就是经过重构与建构后，重新组成的意向造型，是一个新的集合体。创作者按照自己的意愿，把自己的理解融于图形之中，这是具有独特性的图案，看似简单，但与生活紧密联系。石涛在绘画中提到创作的要求，要把主观思想与客观实物紧密结合，也就是物我相融，神与物游，"不知我为草虫、草虫之为我"的道理。

儿童在画画的过程中内心与意境不能够完美地融合，但在儿童画中呈现出来的本性就需要教师和家长及时发现和保护起来。

每个孩子都是艺术家，只要孩子拿起毛笔就能写出俊俏的中国字，孩子只要拿起剪刀就能剪出好看的图案。这些天赋源自基因的传承，源自他们是中华民族的炎黄子孙。

刘钻先生在有意与无意说理论中这样阐述道："是原始造型的意向思维导向，是最纯真的、最原始的思维为孩子们的作品找到了源泉，以此来作为作品的评价标准，这样就会

改变大多数以成年人的思维模式、西方的评价模式来评价孩子的作品"。

在儿童美术中造型的自由表现与宣泄，是孩子的独特表现，我们应该大力倡导和保护这份童真。

二、民间美术是原始文化的记忆

民间美术是本元形态下的文化信息，流露出原始质朴、本真的、自由的造型特点，与儿童美术的造型思维特点呈现出一致的表象。

原始造型观念中表现出以大为美的特点。无论是成人还是孩子都喜欢大的、多的表达形式，在作品里也会无意间流露出这种思维意识。在民间，"多"和"大"两个字大多表示对生命的感叹，体现的是生命观和哲学观的道理，是对繁衍生命的崇拜。民间美术"大"与"多"的具体呈现是文字的会意与图案融合后的内容，不仅是在书面上或视觉上所呈现的含义。而这种特有的意向表现在民间美术和儿童美术中也具有相同的内涵。

比如在孩子画中的猪妈妈和猪宝宝，在他们作画的过程中不会考虑猪妈妈真实的大小，而是把猪妈妈无限放"大"，因为猪妈妈是需要保护猪宝宝的，在画中的猪妈妈也具有真实的"大"，但更想表达的是观念上的妈妈，妈妈是孩子的保护者，是正面的、积极的能量体现。

三、民间美术呈现的是无私心，是率真的自由的表达，反映着无为但为之的原始的哲学观

儿童与民间美术家在平时喜欢将接触到的实物进行搜集与整理，以便于在创作的过程中将整理的材料随时运用在画中，创作思维的灵感在画笔的借助下可以海阔天空，驰骋于天地之间，为他们提供自由创作的机会。

他们在作品中表现出活跃的思维方式，在内容表达上是自由的、随意的、独特的、没有功利性的，只有自我。

剪纸是一门没有道理可讲的艺术。一位剪纸大师曾说："如果剪的牛像真的一样贴在窗户上得多吓人，村里的真牛多得是，还用剪吗？"多么朴实的言语，多么简单的道理。这是民间艺术家们亲身经历的、现实生活的、必然的对物象的理解和认知，进而形成主观的、感性的、全而美的形象，这是民间美术和儿童美术共同的造型特点，孩子的童年时代的思维方式更容易与民间美术的思维观念相碰撞。

四、图腾崇拜与趋吉心理，在不相关事物间的组合

古人对于无法理解的自然现象产生的恐惧，通过图腾的形式，运用夸张、概括的手法，把这种恐惧进行转移。比如龙的图腾造型就是多种动物部位的结合体。

原始人会对大自然恐惧产生不安，于是对寻求安全表现出了强烈的需求，在美术创作中的表现是源于创作者内心的抽象冲动。民间美术中保留下来的图案造型，慢慢地就转变为驱邪避灾、趋吉纳福的象征意义。

儿童美术作品中很多奇奇怪怪的形象也是多种形象的重构，充满着神秘和怪异的特色。哲学通过艺术来表达作者的思想情感，恰好民间美术的造型观念为孩子们提供了自由想象的空间。他们可以打破时空的限制，侧面小狗有两只眼睛，侧面的大公鸡有两只眼睛；树上开满了鲜花的同时还结满了果子；一只漂亮的鸟落在萝卜上面；苹果里有一只小白鸽。儿童运用拟人化的方法，动物穿上了人类的服装，水果有了孩子的表情。这些在现实中是无法想象的画面，但在儿童作品与民间美术造型中可以重复地运用和表现，原因很简单，那是因为在他们的眼里那些东西本来就是这样的。儿童与民间艺人们没有运用西方的三维空间的造型理论，而是在平面的二维空间进行自我创作。儿童和民间艺术家们主要进行自我情感的宣泄，也是他们纯净心灵和淳朴思想的表达，在他们的世界里，生活是幸福的、光明的。而正是因为有了他们天马行空的想象力，许多奇思妙想的图案出现了，对人类文明未来的发展也起到了积极的推动作用。

五、传递文化观念的密码符号的记忆

在孩子的美术作品中，他们创作的图案纹样与古人遗留下来的极其相似，这就是神奇的民族文化的力量！无论是东方儿童还是西方儿童，他们在造型符号的表达上都有着相同之处，因为儿童都是在用符号代替语言进行情感的表达。从遗留下来的作品中可以看到，人类与大自然共处、斗争过程中所面对的、考虑的问题是不完全相同的。但是我们中华民族创造的符号语言为什么能够保留下来，甚至在今天还发挥着重要的作用？为什么西方造型中的符号语言保留下来的痕迹和意义的传达却弱化了呢？主要是因为东西方人的思维方式、文化背景、生活方式、情感的差异等很多因素导致的。

成年人的世界里，一开始的作品创作中是不能表达他们心中最真实的想法，他们用绘画所需要的特殊方法来理解事物，他们需要做的是确定画面的内容是什么，然后按照童年时候的记忆，用符号语言和对事物的感知，在很短的时间内把这种感知转换为图形和符号。那该怎么解决呢？心理学家罗伯特·奥尼斯丁说："必须要像镜子般真实反映出来"。但我国民间美术的造型方式不是眼睛里看到的真实的反映，是作者内心情感的表达，绘画过程中的愉悦远远大于最后的作品效果，这样更具有绘画的意义。儿童和民间艺术家们更在乎精神上的慰藉，这与祖先们的追求不谋而合，同时也说明祖先们的思维体系仍存在于我们的思维方式里，都是通过符号语言来表达。

六、中国美术色彩的运用特点是感性思维比重大于理性思维

在儿童与民间艺术家们的作品中主要表达的是作者的思想、感受，使用他们认为好看

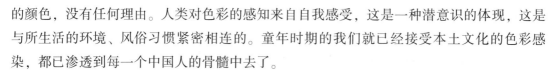

的颜色，没有任何理由。人类对色彩的感知来自自我感受，这是一种潜意识的体现，这是与所生活的环境、风俗习惯紧密相连的。童年时期的我们就已经接受本土文化的色彩感染，都已渗透到每一个中国人的骨髓中去了。

中国传统美术色彩的运用讲究色彩的对比、平涂的装饰效果、黑白灰的不同层次对比关系。西方绘画色彩是塑造造型的媒介，通过观察后分析画面关系，再调和出微妙的色彩变化。

儿童美术和民间美术中的色彩观念是主观意识上的表现，这是一种主观的表达，不是视觉上看到的直接表达。孩子们都喜欢鲜亮的色彩，比如大红、柠檬黄、湖蓝，不同颜色具有不同的象征意义。在中国，红色代表着太阳、血液，这是生命的颜色。即使是一个刚会走路的孩子，也会立刻对鲜艳的色彩产生兴趣，因为这是生命的一种潜意识的本能反应。

第三节　从思维的相似性提取儿童美术教育的价值

一、利用丰富多彩的民间美术造型激发学生的学习兴趣

即使处在经济落后的年代，民间美术的艺术家们并没有因为贫穷而放弃对精神世界的美好的追求，因为她们心中有一个美丽的梦。民间艺术家们用乐观的、积极向上的、阳光的心理素质，通过她们的巧手传递着这颗古老的、璀璨的明珠。

民间美术造型分为平面造型和立体造型。平面造型具体包括绘画、剪纸、年画、皮影等表现形式；立体造型包括泥塑、编织等表现形式。例如生活中常见的一根狗尾草，在老婆婆的手中卷来卷去，惟妙惟肖的小狗、可爱的小猫就完成了，带给孩子无穷的快乐，也是埋藏在儿童内心的温暖的回忆。在黑龙江流传着一种叫"筐箩"的玩具，它是将废弃的纸用水打湿后搅碎，然后将纸浆堆到模具盆上，阴干后，再用布和糨糊装裱，基本造型形成后，再用纸进行糊裱，这样一个传统的筐箩就做好了。

在学习的过程中，教师可以进行演示和示范的教学方法，首先通过对公鸡形象特征的认知，可以用夸张、简练的表现手法画出大公鸡的形象，公鸡的冠子是比较明显的特征，可以夸大地进行刻画，似乎是一朵大大的鸡冠花，鸡眼睛采用拟人的表现手法，像人的眼睛一样细长，对公鸡的尾巴进行概括，变成长长的、弯弯的叶子一样，鸡爪子像植物的弯弯曲曲的根茎，最后的时候，结合民间公鸡的故事将其融入造型之中。

作品巧妙运用各种装饰纹样，达到三分画七分裱的装饰效果。装饰纹样具有吉祥如意的意义。比如太阳寓意阳性，是子和籽的象征意义，代表着生生不息、多子多孙的内涵；还有月牙纹寓意着生生不息，顽强的生命力；花草纹是充满朝气和活力的春天，是生命的

象征。

对于高年级的学生，教师让学生主动探究符号的寓意，创作出新的图案纹样。比如星星、水滴、各种花卉都可以进行变化。中年龄段孩子的造型表现出相对严谨的思维模式，有目的地对作品进行主观意识上的处理。高年龄段孩子的作品在造型、技巧以及纹样的处理上，表现手法都很成熟。他们在公鸡的装饰上的表现特别明显，加入了大量的符号语言，如几何形状、组合纹样，还有些独创的符号语言，如水滴、星星等新符号的创造。这些想法来源于孩子对周围世界、对生活的理解、对事物的观察。低年级的学生不仅制作完成了独特的剪纸作品，而且还完成了具有个性的、既实用又美观的筲箕。

民间美术造型的形式种类繁多，不仅帮助孩子提高造型的能力，同时还激发孩子们的兴趣，让孩子懂得欣赏和发现生活中的美，提高创造美的能力。

二、民间美术造型观念对学生人格的影响

中国民间美术是古人遗留下来的本元文化，具有明显的地域特色和民族文化特征，它是中华民族历史中历史最久远、地域特征最突出、最大众化、文化渊源最丰富的民间文化表现形式，在美学、考古学和社会学等方面具有重要的文化价值。这是民族文化在文化认知、哲学观、情感表达等方面的体现。

在课堂上，孩子们在剪纸时会表现出不同的艺术感受。比如有的孩子会与古人进行心灵上的沟通，这是一种对古人的崇拜。剪纸会让原本调皮的孩子变得安静、专心致志，这使得孩子在剪纸中找到了自由表达和直抒胸臆的机会，把自我的内心情感融入作品中，没有任何的虚情假意。

三、了解民俗传统文化，挖掘民间美术造型思维中的符号运用，探讨文化含义

通过《剪公鸡》的剪纸制作，了解不同年龄阶段的孩子在造型中运用符号的情况，掌握公鸡形象的文化内涵。

1. 查找关于公鸡文化的内涵

公鸡是代表文武勇仁信，是五德之禽，文指的是头戴鸡冠；武是锐利的爪子；勇是敢于争斗；仁是召唤同伴同食；信是清晨准时啼鸣报晓。

2. 不同公鸡的对比，掌握民间美术造型观念

通过对原始岩画、不同艺术家和孩子们的剪纸造型欣赏，分析大公鸡造型特点，最后得出总结。原创型大公鸡与原始岩画的造型有着相似点，其造型朴实、简练概括、注重神似；承传型剪纸造型追求夸张与变形，注重细节，图案纹样和符号语言丰富。在孩子的剪纸作品里，可以解读到不同符号语言是与人们生活密切相关的事物中转化而来的，是不同

时期的现象的表述。

四、在民间习俗中学习民间美术造型思维特点

在课堂教学中，利用美术教学，让孩子在风俗和传说故事中学习民间美术造型思维特点。通过端午节的民俗活动，了解葫芦的民族文化内涵，运用在课堂教学中，学习有关古人与葫芦的文化起源。比如我国古人在遇到水灾时机智地躲进葫芦里逃生，躲过灾难，于是葫芦被誉为延续生命的母体，在端午节这天挂葫芦来躲避灾难。民间美术的图案纹样种类繁多，在其背后蕴含着丰富的民俗文化，这是人们对美好生活的向往，是内心的精神寄托。

神话故事是古人运用想象的力量征服自然，是把自然的力量加以物化的产物，有了神话故事的存在，民间美术像插上了一双想象的翅膀，在人类文化的天空中翱翔。在美术教学中，用神话传说的故事形式让孩子们了解民间美术的民族文化，让孩子们明白每个图案与符号的内涵，为民间美术造型的拓展提供了多姿多彩的想象空间。比如向孩子们讲述龙的传说，理解龙的造型渊源。在孩子积极的、活跃的创造思维状态中，让孩子的想象力充分展开，让孩子找到创作的根据和方向，让那份对物象的真诚、崇拜变为儿童学习的动力，避免了年龄越大胆越小的心理变化。还可以让孩子将课堂内容知识拓展到教学之外，与孩子的生活密切结合，在生活中善于发现与探究，不断积累与总结，达到学以致用的效果。

儿童美术教育是民间美术的传承的重要载体，是价值观实现的传承者，是民族文化的传播者，是民间美术传承的关键要素。在孩子的童年时代，孩子是在一个群体的文化环境中成长，比如受音乐、礼仪、审美取向等文化要素的影响，这些都在无形中影响着孩子们的观念和态度，是他们成长道路上的人生体验。在孩子的童年时代接纳本土的母体文化教育，对儿童身心的可塑性发展具有非常明显的推动作用，适应现代社会的传承教育文化理念，与时俱进的先进性特点。

对民间美术的传承，形成了中国特色的儿童美术教育，提高了儿童对民族文化内涵的理解和感悟，加强了对祖国的热爱，保护了中国的传统民间文化，保护了人类文化的多产性，促进了人类对非物质文化遗产的抢救和传承。

第四节　儿童美术与民间美术的相似性研究

中国民间美术是祖国大地的一朵奇葩，它滋养着人民大众的精神世界，在含有乡韵、乡情、乡风的土壤中生长着。它寓意深厚，以形造物；它生动雅致，自由豪放，雅俗共赏，深得老百姓的喜爱；民间美术是对物象直接的、感性的、现实的经验总结，是创作者

主观的、自由的、经验的、理想化的表象。

儿童画与民间美术具有相似的特点，儿童在观察周围世界的事物时，由于年龄特点的原因，不是把自己看到的事物真实地再现，而是运用独特的表现语言、创作符号、线条去表达自己对事物的理解。儿童画是孩子天性的释放，是没有任何约束和影响的情感表达。儿童画是孩子的童年时代的真实写照，是一种童心、童真、童趣的表达。儿童在作画的过程中是自由自在、不注重细节的，没有写实性，是一种稚拙的美，儿童画与民间美术的创作理念具有异曲同工之妙，又有独特的审美价值和欣赏价值。

美术作为人类文化最重要的和最早的表现形式，是人类情感表达和传递的重要手段。儿童美术是孩子童年时代的一种自由的、天性的童真和童趣，是与周围环境相互作用的产物，是中国大地上的一颗璀璨之星，充满了无穷的魅力。儿童教育有着不同寻常的长远意义，不同的儿童可能在生活和学习过程中表现出不同的特点，但在这些不同的儿童活动后面又有着相同之处，如不同的发育期的生理特点，是有着很强的共性的，教育应当关注到孩子的共性特点，同时也要关照孩子的个性发展。将美术教育融入儿童教育中是一个良好的过程，特别是剪纸艺术，可以锻炼孩子的动手能力，还能培养孩子的审美能力。另一方面还可以从小就开始对后代进行熏陶，将中国的传统文化艺术传承下去。

不会聚焦在某一处，而是忽略对实物细节和大小的描绘。画面中的造型是儿童主观性的直接表达，是在感性基础上思考形成的。民间的巧手们是在二维平面的空间中建立三维的立体形象，这是与儿童画的构图形式是一致的。儿童和巧手们的相似之处在于他们都有自己特有的造型艺术体系，这种造型艺术体系不是真实地再现某种事物，而是表达作者自身主观的、直接的创作理念和情感。

一、画面上的相似特征

（一）突出物象造型的主要特征

在儿童绘画中我们会看到画面中人物、动物的比例不准确、特征突出等特点。在人物造型中把头部夸大，眼睛画得大大的、圆圆的。在民间美术中造型的表现也是把主要特征夸大，比如在布老虎的制作中，头部是刻画的重点，尾巴忽略掉，四只脚也只是进行简单的制作，却变得更加威武、可爱、生气。

（二）注重二维的平面感

由于民间美术材料的约束，他们在造型上多追求平面的效果。比如在表演皮影时会受到灯光投影的影响，人物造型追求平面的效果，以侧面造型为主。

儿童画主要是以线为主要的表现方式，是将客观的三维空间转换为二维的平面空间。例如儿童画中的汽车，汽车的品种丰富多彩，但主要是表现汽车的侧面形象。

在二维画面上表现多维角度的空间关系，运用的方法不是两点、三点透视法等现代透视法的科学逻辑思维方式。民间巧手们对物象的表现是通过对事物的长期观察，运用独有的时空感和获得的经验总结，进行感性思维的处理方式，比如在湖南滩头年画中，其作品《老鼠嫁女》中的老鼠和马的形象，有的在侧面身上表现正面的头，有的是在侧面的头上表现正面的、圆圆的眼睛。

儿童美术与民间美术作品的事物空间安排与表现方法是相似的，依靠他们的想象力，采取天马行空的不定位的表现方法，在侧面人物头像中会有正面嘴、正面眼睛的表现，在小鱼身上画出花卉纹样等。

(三) 求全求美的理想化美

儿童在绘画造型中强调最佳视觉角度，在民间美术造型中追求"求全求美"的理想美，可见两者之间有相似性。

儿童绘画时按照自己的想法尽可能地表现最理想的区域，也就是最佳角度。

三至五岁的幼儿在表现人的脸部时一般不表现侧面，主要表现人物的正面形象，甚至低年级的孩子在表现侧面人物时，身子是侧面的，但脸部是正面的，孩子认为五官齐全才是正确的，只有正面的形象才是最完美的。

二、色彩上的相似特征

民间美术和儿童绘画的色彩运用有着共同之处。从作者的感性色彩运用然后到理性色彩的过程，作者的情感是主观思维的表达，是一种自由自在、无拘无束的表现方式。色彩表达鲜艳亮丽，运用强烈的对比色调，给人一种吉祥安康、喜庆愉快的感受。儿童的内心是纯净的、质朴的、善良的、生命力旺盛，在绘画中他们会运用对比强烈的色彩表达。

民间美术的种类有很多，比如熟悉的年画、剪纸、刺绣等，在他们质朴善良的内心中喜欢运用强烈的对比色，长期受本土色彩的环境影响，画面中色彩的运用和价值观会带有主观性的色彩特点。

所以，儿童绘画与民间美术在本质上的相似性，决定了创作者们在色彩的表现和运用上具有极大的相似性。

三、构图方面的相似性

儿童绘画是自由的，无拘无束的，没有理论经验的指导的绘画。在构图方面，他们是在自我的绘画经验中，进行探索后总结出生动有趣的构图表现形式。儿童与巧手们的构图形式是一样的，他们不会进行构思后再去画，没有任何固定模式，没有我们所说的三角形构图、四边形构图、字母 Z、S 等构图形式，他们是在不经意间创作出了相似的构图。在儿童画中，儿童喜欢用排列式构图表现，而这正与民间美术的散点式构图极其相似。画面不存在大面积的留白，而是添加细节，画面氛围生动活泼。比如在画面中人物的组合，有大有小、有前有后、有胖有瘦、形象丰富、画面充实。

民间创作者们在构图时一般采用时空构图法，追求画面的完美性，把画面看作是个人表演的剧场，自己是场景中的主角。比如在年画中会将不同时间、不同地点的人物聚于一个场景中，画面生动而自然，简练而又真实。

儿童画与民间美术在构图方面有着相似特点，也就是在时间和空间上可以无限制地表达，既可以是不同季节，又可以是不同主体题材，天上人间、理想与现实中的人物都可以布置在一幅画中，画面和谐而美好，让人感受到愉悦、赏心悦目，充满遐想。

在构图上，儿童也会运用其他的构图方式，比如中心式、全景式、排列式等，这些构图方式与民间美术的构图方式是一致的。在儿童美术课堂教学中，可以适当引入一定的民间美术作品，对其进行构图形式的学习与运用，鼓励孩子们自信、大胆地运用不同形式的构图，进行更有个性的艺术创作。

可见，儿童绘画与民间美术在运用夸张与概括的手法、构图的表现形式、色彩运用强烈的对比关系等现象中，都具有极大的相似性。这些现象说明两者都具有原始味道，都含有稚拙与成熟、粗犷与细节、夸张变形与写实、强烈与恬淡的特性。这些足以表明民间美术的造型、色彩、构图、创作思维等表现方法，与儿童绘画的表现特征方面有着明显的相似性。

第五节　民间美术在儿童教育中传承的内容和方式

中国民间美术是我国一种特有的文化形式，是人民大众在长期的历史文化背景下产生和发展起来的，是大众化的艺术，是这一种自发性的艺术，是百姓业余性的创作艺术。创作的作品具有朴实、天真的特点，具有实用性和娱乐性的功能，具有质朴的文化内涵和质朴的、粗犷的艺术特征。

民间美术种类丰富，品种繁多，其使用的功能、目的各不相同。有的是用于欣赏的，有的是具有实用性的。所以我们要去伪存真，把我们的民间美术发扬光大。我们不仅要传承民间美术的价值，还可以从表现形式上进行学习。

一、传承内容

（一）民间美术造型

民间美术造型与儿童美术具有多方面的相似性，民间美术的造型特点能更快地被儿童接纳。民间美术丰富的造型、色彩斑斓的画风为儿童提供了众多的作品欣赏，培养了儿童的审美能力，为其艺术发展提供了取之不尽的艺术源泉。

在儿童美术教学中，对民间美术的造型和表现形式进行欣赏和交流，培养儿童的审美能力和创新能力，培养儿童对中国传统文化的热爱，感受民间艺术的魅力。

（1）提升学生的审美兴趣

兴趣是最好的老师。要提升儿童对美术、民间美术的兴趣，需要教师、家长、社会方面的引导。当儿童对事物产生兴趣时，他们的注意力才会集中，专注力才会加强，掌握知识的速度也会非常快。因此，在民间美术的学习中，可以提前准备好教具、创设适合的环境，使用有特色的主题内容来诱导孩子的学习兴趣。

在民间美术的教学过程中，教师可以选择符合儿童身心特点的具有代表性的作品让儿童进行欣赏和创作。比如山东潍坊的风筝，过中秋用的兔爷、脸谱、刺绣等艺术品，这些精美的艺术品，带给孩子们的是无穷的赞美与惊叹！

孩子们亲身感受到了民间美术的艺术价值，不仅激发了他们的学习热情，对民间美术的造型美也表现出浓厚的兴趣。

（2）培养学生的创新能力

人类社会在不断进步，在经济高速发展的时期，其核心是知识的不断创新，而创新能力是一个国家、一个民族发展的灵魂，也是中华民族生存发展的基础。

在我们的教育过程中，美术教育对提高儿童的创造力具有至关重要的作用。美术教育能够提高人类的形象思维能力，在头脑中形成的形象思维与逻辑思维相互结合、碰撞的作用下，人类的创造性思维才会发展。

在民间美术教学中，进行时空造型法的学习能给学生一双充满想象空间的翅膀，用启发式的方法鼓励孩子们大胆创新，这对于培养孩子的创造性思维是十分关键的。法国生理学家贝尔纳说过，学生的创造力是教不出来的。创造力的教学是学生真正被鼓励后发现并且能够展开他们的想法，进而发展他们的创造力才能。

我们要充分利用民间美术的造型法则，对主题进行形象思维逻辑的展开，锻炼孩子的创新能力，培养学生的形象思维逻辑能力、想象能力和创新能力。带有强烈的趣味性，可以让学生的思维更加敏锐，提高学生的想象力，发展学生的形象思维，加强孩子的创作兴趣。

（二）民间美术色彩

民间美术的色彩是从早期社会延续下来的，具有悠久历史的、传统性的特征，不仅是一种视觉意向，更是创作者心理的反映。简单地说，民间美术关注的是色彩的象征性和寓意性，追求的是视觉上的审美效果，表达的是轻快、愉悦、鲜艳、热烈的气氛。在美术课上实践操作的红喜字、窗花等美术作品，不单是为了掌握色彩的运用，更是为了体会剪纸所蕴含的文化内涵。比如剪纸的色彩主要是以大红为主，镂空的运用很少，色彩比较突出，主题的表达是人们喜闻乐见的事物。红色寓意着热情、欢快的气氛，是人们对美好生活的向往。

可见，色彩在儿童美术与民间美术的运用上是具有相似性的，儿童和民间艺术家都是运用鲜艳、亮丽的色彩进行创作的。在儿童美术教学中进行色彩的学习，儿童会很快融入学习中来，并拓展到生活的方方面面。通过色彩学习可以促进儿童对民间美术的学习兴趣，培养孩子的审美能力，提高孩子对美的感受、欣赏、创造和表现的能力。孩子们在观看和欣赏本土特色的、极具有乡土气息的作品时，不仅欣赏了优秀的、光彩夺目的艺术作品，还开阔了视野，培养了审美情操，对作品充满了赞赏与崇拜，产生学习的动力和兴趣，在感受美的过程中，生发出对美的事物的向往。

（三）民间美术的文化内涵

民间美术的产生、发展与民俗文化的关系是密切相关的，与中国的文化发展史是相同的，他们之间是相互促进、相互发展的关系。民间美术是民间文化重要的传播媒介，是民间文化的物化现象，不仅在人类的衣食住行中有重要体现，还渗透在人们的价值观、认知态度、行为规则中。

民间美术受到"天人合一"的哲学思想的影响，在民间美术的作品中体现着礼仪方式和道德标准的确立，是中国传统文化中树立的人生观和理想目标，这在儿童美术教育中起着重要的引领和启蒙作用。在优秀的民间美术作品中，有许多神话传说、先烈人物、忠孝贤良以及行侠仗义等题材，这是信仰和道德思想呈现的一种物化形式。民间美术是承载着中国历史文化的一部经典纪录片，用具体的符号语言传达着人类心理学、人类学、文化学、民族学、民俗学等精神文明。由此可见，中国民间美术具有较高的美学价值，还是人类探索中国文化和全人类文化的发源地。

二、民间美术在儿童美术教育中的传承方式

在社会高度发展的现代社会，儿童美术在素质教育中的地位愈发突出。出现了一批具有先进教育思想的美术教育学者，他们兢兢业业地投入教育研究中来。这些代表性的教育工作者分别是常锐伦、尹少淳、杨景芝等专家，在教育理念的探讨和实践工作中不断探索和进取，形成了在中国儿童美术教育历史上最繁荣昌盛的格局。

在儿童美术教育工作者的研究工作中，他们思考如何在儿童美术教育的课程中融入民间美术的课程比例，以此来加强儿童对民间美术的认知和热爱。教育工作者们还展开了民间美术在少数民族地区的儿童和特殊儿童的研究。

2003 年，他们在湘西开展了"蒲公英行动"，把苗族、土家族的民间剪纸、草纸锉花等民间美术融入小学美术的课堂教学中。

儿童教育专家还对民间美术在小学美术教育中的学术价值、传承与发展等问题进行了探讨。他们认为民间美术在小学教育中的融入，不仅能让儿童对传统文化产生兴趣，还能提高孩子们的创新能力，把我国的民间美术传承和延续下去。

民间美术是中华民族文化的重要组成部分，是与我们生活中的周围事物紧密联系的。所以美术教育不再是一种简单的技能训练的学习，应该看作是一种文化层次的学习。

美术教育的课程学习，能够让孩子们在情感表达、生活态度、人生价值观等方面有所成长，能够认识人类文化的丰富性，在一种普遍的文化氛围中，了解美术的基本特征、表现形式的多样化和美术的社会功能。能够让孩子产生对古文化的崇拜，对优秀民族文化的珍惜，尊重多元文化发展下的世界文化。

（一）与民俗活动相结合

民间美术与民俗文化的关系是密切相关的，与中国的文化发展是一脉相承的。在民间的一些节日庆典、婚丧嫁娶、生子祝寿等活动中，民间美术与之交相呼应，出现了丰富多彩的表现形式，如年画、剪纸、花灯、泥塑等。民间美术具有浓厚的乡土气息，分布在祖国大地的各个角落，但由于地域的差异，形成了不同的风土人情，于是出现了种类不同的形态各异的表现形式和艺术风格，但是都具有实用性和审美性相统一的特征。使用的材料主要是来自生活中常见的布、纸张、木头、泥土等，材料虽然简单，但是巧手们的制作工艺高超、构思奇特，善于运用奇思妙想、变形夸张的表现手法，用物象代替人们的情感的表达，表达特殊的寓意，代表人们积极乐观、淳朴的心情，是人们对美好生活的向往与憧憬，富有浪漫主义的色彩。

1. 与民族传统节日相结合

我国的传统节日可以说是数不胜数，有历史记载的就有 800 多个，比如我们常说的元宵节、端午节、重阳节、清明节等。

这些民俗活动是在民族文化中形成的群众所特有的、有鲜明特色的精神依托和实践性的活动，是不同民族文化的特色写照。中华文化历史久远，节日活动的表现形式丰富多彩，是一代代人们保留下来的民族文化资产的重要表现，即使出现节日的表达形式的不同，风格各异，但都是对先人的智慧和经验的总结。它们是民族传统习惯、道德伦理和主观意识的体现，是对中华民族美好的向往。

在美术课堂中，要让民间美术更好地渗透到儿童教育中来。比如在端午节即将来临之时，可以让孩子们提前了解端午节的发展史，由来是什么，了解不同区域的风俗习惯，并搜集端午节相关的传说和故事。在课堂教学中能够让孩子们自由表现，并能够运用龙舟、剪纸、年画、版画等不同作品的制作，来表达对屈原精神的赞叹！不仅能让孩子对民族人物精神有所领会，也能了解民间美术的艺术魅力！

2. 与民间礼仪习俗相结合

民间礼仪习俗表现形式丰富。在民间有重大意义的节日里，都有隆重的风俗习惯，形式各异，风格独特。比如在婴儿的"诞生礼"这种非常重要的日子里，有众多的礼仪形式，在出生的第三天是"三朝"，还有"满月""百日""周岁"，婆家、娘家都要送来棉衣花裤等祝贺品。不同地域具有明显的差异性，在陕西，儿童周岁送虎头鞋，有孩子虎头虎脑，健康平安的寓意。在庙会，会有各式各样的泥塑，灯会、放河灯都是重要的民间活动形式。

民俗活动是日常生活、节庆日的风俗习惯的体现，是百姓对生活的一种寄托，是对未来美好生活的期盼，是具有民族特点和地域性特点的文化体现，具有古朴性和创新性为一体的表现形式。儿童在民俗活动中，会产生对古老文明的崇拜心理，对于民间美术的传承和发扬具有重要的影响。

（二）与其他学科相结合

在新课改的指导下，人们越来越重视综合素质的培养。学科之间是相互联系的，它不是一门孤立的学科，美术教育也是如此。作为一名教师，我们要鼓励学生大胆地探索和研究，加强学科之间的联系性，加强与生活的联系性，提升孩子的综合美术能力。

在综合性美术教育活动中，我们要加强学生的探索能力、研究能力、创造能力、解决问题的能力的学习。可以从三个角度进行：美术教育与其他学习领域融为一体；美术与其他学科相结合；美术与现实社会相关联。三个不同方向之间也可以有不同程度的交叉或重复。具体来讲，民间美术与绘画、设计的不同学科之间的关联；民间美术与音乐、舞蹈专业之间的相通，反映的是人类对现实生活的再现过程；也可以与文学、历史、心理等学科之间建立关联。

民间美术是在中华五千年的历史文化的土壤中生长起来的。民间美术有很多种表达方式，与文学中的"赋、比、兴"的手法极其相似；民间美术的地域性特点是与生存的地理条件和环境密不可分的；民间美术造型的表现方法与物理学的知识点也是相关联的。许多案例证明，民间美术与多学科进行综合教学的教学效果明显，是可以同时进行的。

（三）发挥教师的热情和专业特长

师者，传道授业解惑也。民间美术是民间艺术家真情实感的流露。教师在民间美术的教学过程中是充满热情与激情的。在民间美术的作品中，我们可以看到人民大众的点点滴滴，感受祖国大地的浓情厚谊。

在教学的过程中能够产生对古文明、人民大众、祖国母亲的深深的热爱之情，让孩子们有意识地树立起强烈的担当意识和进取精神。作品中情感的表达是创作者由内而外的精神转换，是出于心而表于形的情感再现，当教师具备这种基本能力时，无论创作者的表达方式如何选择，这种感情的流露都能够被感受到。那么在教学中自然而然地传达给孩子们，达到教育的目的。作为一名教师，必备的专业素质是重要的前提。教师应该发挥自己的专业特长，从形式多样的民间美术中吸收养分，参与教材的编写，以此来丰富儿童美术的教学内容，并在教学的实践中总结经验，形成方法多样化的教学。

(四) 开展丰富的课堂教学

1. 利用多媒体等现代教学方法

现代化的教学手段在不同学科的教学中发挥着越来越重要的作用，起到事半功倍的效果，在美术学科的教学中也发挥着独特的功能。美术是一门视觉艺术的教学活动，多媒体教学提升了教学效果。在进行民间美术优秀作品的欣赏时，利用幻灯片进行播放，增强了画面的真实性和感染力，只依靠课本上的图例是达不到预期效果的。可以利用视频观看民间美术作品的制作步骤，能够更直观、更生动、更准确地感受作品的制作效果，而教师单纯地讲解不能让学生全面地了解民间艺术；比如在进行"古镇庙会"的绘画中，让孩子们直观地看到庙会的活动场景，再引导学生进行作品的创作，达到画面的形与意境的完美结合。

课件是教师的重要的教学手段，课件的制作也是基本的教学能力的体现。优秀的课件能够激发孩子们学习的动力，使教学活动的开展更加条理化、直观化，提高学生操作的积极性。

2. 加强民间美术的实践练习

课堂中的教学内容，要选择与孩子的周围生活密切相关，与社会相联系，增强趣味性与应用性相结合的教学过程，让学生在学习的过程中自始至终保持浓厚的兴趣和创作欲望。

民间美术中的绘画与实践操作课，更能调动儿童学习的积极性。美术课的授课内容主要有绘画、手工制作、欣赏三大类，绘画和手工课需要儿童具有实践动手能力，通过实际操作，儿童能够感受民间美术的美，在轻松愉快的活动中获得知识技能的学习。

在《人物彩塑》《风筝》的教学过程中，学习相关的民俗文化知识的同时，还锻炼了孩子的实践动手能力，在生动有趣的课堂气氛中，让儿童理解了民间美术文化的内涵和精神体现。在陶艺制作课上，让儿童感受玩泥巴的乐趣，在制作泥塑的过程中，手脑并用，既锻炼了孩子动手能力，又锻炼了孩子的脑、眼、手的协调能力，激发了孩子的创造力和求知欲，让孩子学会在创作过程中发现问题、解决问题。儿童在制作的过程中，把生活中普通的泥巴变成了生动的玩具，这种天性的释放感、成就感将伴随孩子的终生。培养了孩子对传统陶艺的兴趣，提高了孩子的审美性，增强了对祖国民间美术的精神内涵的理解。

教师在民间美术实践课的设计与教学过程中，要让儿童深深地感受作品中表现出来的民族美。实践课是手脑并用的学习过程，在制作形象的过程中，是孩子真实想法的写照，是自我个性的表达，锻炼大脑的敏锐性，提高孩子的想象力，促进孩子的身心健康发展。与传统的美术课相比，更胜一筹，培养了学生的动手能力、想象力和创造力，让他们在学习中享受过程，感受创造的乐趣。

3. 民间美术作品的欣赏教学

美术欣赏是儿童美术教学的主要内容之一。学生在对作品进行欣赏和分析时，在一幅幅生动有趣的画面中，与民间美术之间的距离在不断缩小，孩子们更加真实地、直观地了解民间美术的造型原则和表现形式，培养了儿童的审美力，学习人民大众的朴实感情的表达思维。在教学活动中，要给孩子们提供一个有准备的环境，激发儿童的创作兴趣和动力。在色彩方面要选择鲜艳、明快的画面，选择生动、有趣、可爱的美术造型，比如平面造型中年画、剪纸、刺绣等内容；在立体造型中选择泥塑、木雕、面塑等；在综合材料中选择皮影、风筝、灯彩等内容。

儿童会对色彩斑斓的艺术作品产生浓厚的热情，通过直观的接触，提高了儿童的表现欲和强烈的创作想法。比如在年画《连年有余》的欣赏中，儿童已经被画面中的胖娃娃所吸引，一种身临其境的感受油然而生，而且也会丰富儿童的语言表达能力，在描述自己的心情时，运用丰富的词汇如"高兴""快乐""开心"等。综合运用现代化的教学手段，比如课件、视频、录像等；运用适宜的教学方法，如欣赏法、示范法、案例法等，能快速帮助孩子提高欣赏水平。陈鹤琴先生曾经说过，儿童对周围环境中不同事物的认识是通过眼看、耳听、手触才能了解事物的内在的本质。重视儿童民间美术教育的欣赏活动，促进儿童身心的和谐健康发展。

3. 与学生的思想教育结合起来

确切地说，儿童对民间美术教育的学习不仅是一种文化知识的学习，更是学生对中国人民大众的精神的学习，能够了解中国人民在困难面前依然表现出来的浪漫情怀和乐观的精神。而这种精神正是孩子们所欠缺的，只有把民间美术和儿童的思想教育进行结合，才能够更深入地理解、学习。

比如在春节等重要的节日中举办的习俗活动，这是人们对美好生活的一种向往和追求。孩子们只有在了解的基础上才能深切地感受到民间美术的精神文化的内涵，才会在思想与传统文化上引起共鸣。所以，在欣赏、参与民间美术的过程和制作中，学生是学习的主体，作为传道授业解惑的教师来讲，也要以身作则，积极地投入工作中，做一名学高为范的合格教育者。

德育教育在孩子的成长过程中起到重要的引领作用，在儿童美术的课堂中结合民间美术的学习进行思想道德建设，课堂教学在生动有趣的过程中达到寓教于乐的教学效果，让学生养成良好的道德感和责任感，在他们的日常行为规范中形成良好的文明礼仪。在学习我国光辉灿烂的民间文化的同时，增强孩子们的爱国情怀，把民族文化发扬光大。

5. 开展丰富的特色课外活动

在课堂教学活动中，教师要充分利用各种丰富多彩的教学形式展开教学。比如利用参观法、讲故事、做游戏等教学手段来加强儿童对周围世界的认知，提高儿童学习美术的热情。

我们还可以充分运用课堂外的资源，比如美丽的大自然、我们的校园、社会资源进行美术的教学活动。

（1）组织学生走出室内，进入大自然，进行写生活动

写生是对大自然、校园等固定空间资源的学习方式。从教学形式的角度来看，孩子们进入与自己密切相关的生活中，可以更好地在真情实景中感受形象，在学习的过程中充满活力。以表现形式的角度来分析，民间美术与儿童美术的相似性极高：造型的塑造简洁、夸张、提炼、平面化；主题内容表达的是超现实主义的，可以将不同时空、不同属性的形象巧妙地组合在一幅画面中。

在与大自然亲密接触的过程中，儿童会在自然的情景中感受，在作品的创作中产生亲近的自然感。比如对浮雕、古镇、吊脚楼等不同艺术的表现形式进行观赏时，孩子们既能够感受到建筑物的审美价值的体现，也能够激发孩子的创作欲望，能够运用多种形式的表现方法把内心的感受表达出来。

（2）运用访谈的形式收集材料展开教学

访谈形式是教学手段的一种方式，目的是让孩子们感受不同的风土人情，了解民间的神话传说、故事，熟悉当地的风俗习惯等，帮助儿童寻求创作的源泉。

非物质艺术文化资源是孩子们体验的重点内容。非物质艺术文化资源传承的主要方式之一就是口口相传，具有浓厚的地域特色。比如，在采访泰山皮影的过程中，了解到它不像普通皮影戏一样，泰山皮影戏的特点是它只需要两个人，一个人伴奏，一个人直接操作，甚至一个人边唱边表演。在访谈的过程中，了解泰山皮影的造型特点、造型的图案纹样和制作工艺。作为传统文化的重要形式，泰山皮影以独特的艺术表现力和感染力深受孩子们的喜欢。

（3）学生参观民间艺术展览和演出活动

学生要参加各种展览和演出活动，像泰山皮影戏、东北扭秧歌等。通过参观社会活动，孩子们学习到不同区域的艺术形式，能提高自身的文化艺术修养，能够更深入、更直观地学习民间美术的创作过程，加强对人民大众的了解和真实感情的表达，感受民间美术浓厚的民族文化内涵。

由此可见，在全球多元化发展的背景下，儿童需要了解和学习中国民间美术文化的表现内容和表达形式，需要全面发挥民间美术的价值观和作用，加强对本土文化的热爱和尊重，继承和发扬中国传统文化。鼓励教师和儿童敢于立足本土，用国际性的视野和态度将

中国文化融入当代文化体系中。

　　对中国传统文化的丰富性和多样化的保护和传承，不仅是民间艺术家们的事情，也是每一个中国人的责任和义务。儿童美术教育是民间美术的文化传播的重要支柱，在儿童时代注入民族文化的精神血液，把珍贵的文化资源进行内在的传承。这个过程不是简单的几节课、几位教师所能解决的事情，而是一辈辈、一代代人努力学习和传承的过程，是一个长期的、慢慢渗透的过程，也是美术工作者们的永恒追求的目标，为美术教育事业做出自己的贡献。

参考文献

［1］唐家路、潘鲁生.《中国民间美术学导论》[M].哈尔滨：黑龙江美术出版社，
    2000 年.

［2］美术课程标准研制组.《全日制义务教育美术课程标准》(修订稿).北京：北京师大
    出版社，2001 年.

［3］张卫民.《儿童艺术教育创新论》[M].北京：高等教育出版社，2003 年.

［4］美术课程标准研制组.《走进课堂—美术》[M].北京：高等教育出版社，2003 年.

［5］姚全兴.《儿童文艺心理学》[M].重庆：重庆出版社，1990 年.

［6］李广元.《色彩艺术学》[M].哈尔滨：黑龙江美术出版社，2001 年.

［7］胡潇.《民间艺术的文化寻绎 》[M].长沙：湖南美术出版社，1994 年.

［8］喻湘龙.《中国民间美术图形运用》[M].南宁：广西美术出版社，2002 年.

［9］程明太.《美术教育学》[M].哈尔滨：黑龙江美术出版社，2000 年.

［10］张道一.《中国民间美术辞典》[M].南京：江苏美术出版社，2001 年.

［11］张道一、廉晓春.《美在民间》[M].北京：北京工艺美术出版社，1987 年.

［12］潘鲁生.《论中国民间美术》[M].北京：北京艺术出版社，1990 年.

［13］苏连第、李慧娟.《中国造型艺术》[M].天津：天津人民美术出版社，2001 年.

［14］易心、肖翱子.《中国民间美术》[M].长沙：湖南大学出版社，2004 年.

［15］李绵璐.《谈民族民间美术》[M].合肥：安徽美术出版社，2003 年.

［16］晓华.《中国艺人》[M].兰州：甘肃人民出版社，1997 年.

［17］王树村.《中国民间画诀》[M].上海：上海人民美术出版社，1982 年

［18］尹少淳.《美术及其教育》[M].长沙：湖南美术出版社，1995 年.

［19］唐星明.《论民间美术色彩的结构及本质》［J］.四川师范学院学报(哲学社会科学版)，第 4 期，2000 年 7 月.

［20］李智伟、张超、曾明、陈谦,《从民间美术现状论传承》［J］.西南民族大学学报人文社科版，总 25 卷第 6 期 2004 年 6 月.

［21］任玉萍、胡艳珍.《浅析中国民间美术的发生及艺术特征》［J］.河南教育学院学报：哲学社会科学版，2003 年 2 期.

后 记

工作，可以说是源自于我的家乡情，毕业后自然的就回到了家乡从事教书育人的工作。说来也是巧合，我转到了儿童美术教育这一专业中来。经过十余年教学儿童美术教育的认识不断深入、内化、升华，最终完成了本书的写作。

在本书完成的瞬间，对刚刚诞生的作品固然满怀喜悦之情，但涌上心头更多的却是感激。本书的写作既是一段特殊的心路历程，也是一种理论的践行；既是对"他者"文化的认识，也是对"自我"文化的观照。可以说，本书既是对我自己的一个尝试和挑战，也是知识和思想的超越。

然而，这种超越当归功于一路上给予我支持与鼓励的师长及亲朋好友。当我在键盘上敲下最后一个字符时，我知道，此刻我终于可以无所顾忌地表达自己的主观感情，也唯有这时，才没有了逻辑上的束缚和表述上的约束。

民间美术如何在儿童美术教育中的传承与发展，民间美术传承的内容与方式，怎样与不同年龄特点、不同心理特点的儿童结合起来，也是我对本书的下一步的思考。然而此刻，我却想好好利用属于自己的、一点有限的"自由"和"权力"，在"学术以外"表达自己的这一段心路历程。

首先，我要感谢教师教育学院陈伟军书记，院长李芳博士，他们给与了背后的精神支持。学院提供了很好的学习机会，到幼儿园一线进行挂职锻炼，获得了丰厚的实践经验，短期内我经历了从感动、自信到挫折、坚持，再到自信的一个循环过程，让我找回了坚持儿童美术研究的信心和决心。

感谢所有帮助过我的良师益友，特别是学前教育组的同事以及赵思源、吕海颖、李梦真等同学，她们牺牲掉个人的时间，给与了无私的帮助，感谢你们！

　　漫漫求索路、莘莘学子情！在收获学术成果的同时，我也失去了许多，其中一个重要的方面就是对父母的尽孝。父母年迈的身影和期望的眼神是我不竭的动力，也是我内疚与自责的来源。期望将来能够更好地回报父母的养育之恩！

　　当然，最深厚、最诚挚的感激属于我的丈夫宁海亮和长子宁尚瑞，次子宁晨瑀。从写书的第一天起，每一步都凝聚着丈夫太多的爱、支持和鼓励，而且从不计较、毫无怨言。从他身上，我感受了夫妻的体恤、获得了前进的勇气！对儿子，我深藏于心的既有感谢，但更多的还是愧疚。他们的降临和每一步成长都让我满足和自豪，然而我忽略了对他们的关心和照顾，他们渴盼的眼神常常使我感到愧疚。希望本书能够稍微弥补自己妻子和母亲双重角色上的遗憾，本书属于他们！